アジ研選書46

低成長時代を迎えた韓国

安倍　誠　編

アジア経済研究所
IDE-JETRO

まえがき

　「ダイナミック・コリア」とは，自国のイメージを世界に伝えるための韓国政府の観光用キャッチフレーズである。2002年の日韓ワールドカップを前に導入され，その後も長く使用されてきた。確かに1960年代からの経済発展と激しい民主化闘争，1980年代の民主化の達成とソウルオリンピックの開催，1990年代末の通貨危機とそれからのV字回復，さらに2000年代のエンターテインメント界での韓流の興隆と，韓国の現代史の展開はダイナミックそのものであったといえる。そして2016年秋の崔順実スキャンダルに端を発して朴槿恵大統領の弾劾から2017年5月の文在寅新政権に至る大きな政治変動も，韓国のダイナミックさのひとつの表れなのかもしれない。

　しかし，今回の政治のダイナミックさの背後には，ダイナミックさを失ってしまった経済と社会の現実があるようにみえる。崔順実スキャンダルに対する韓国民の怒りの広がりは，崔順実の娘チョンユラの梨花女子大への不正入学疑惑に対する学生の抗議デモがきっかけになったとされている。抗議の声に対して，チョンユラがSNSで発した「能力がないなら親を恨め，金も実力だ」という身も蓋もない一言が火に油を注いでしまったのである。それだけ人々は格差問題に対して敏感になっている。もちろん，これまでの韓国の経済発展の過程でも社会的な格差は存在した。しかし，経済発展によってパイが拡大して富が広く行き渡るなかでは，格差は大きな問題とはならず成長にともなう必要悪程度にしか認識されなかった。ところが2000年代以降，韓国経済の成長率は低下傾向にあり，とくに近年は低成長が固着化しつつある。世界で躍進を続けていた韓国企業も，かつてのような勢いは失っているようにみえる。成長全体のパイが限られるなかで，格差問題がより意識されるようになっているといえるだろう。

　なぜ韓国経済はかつてのようなダイナミズムを失ってしまったのだろうか。それは日本のいわゆる「失われた20年」とどのように異なるのか。そして低成長にともなってどのような社会的問題が生じているのであろうか。

このような問題意識のもとに，アジア経済研究所では2015/2016年度に「低成長時代を迎えた韓国における社会経済的課題」研究会を組織した。この2年間の研究の成果をまとめたのが本書である。執筆にあたっては，専門的な分析よりも，韓国の社会経済の現状と問題の所在について一般読者にもわかりやすいように平易に解説することを心がけた。

　歴史認識問題などをめぐって日韓両政府間では対立が続いており，とくに日本国内の対韓感情は悪化傾向にある。そのため韓国に対して極端な見方を示す雑誌の特集や出版物の刊行は後を絶たない。本書が韓国に対する冷静な認識の一助になれば幸いである。

2017年 8 月

編者

目　次

まえがき

序　章　低成長時代を迎えた韓国
　　　　　──その要因と社会経済的課題──　　　　　　安倍　　誠

はじめに　*1*

第1節　低成長が続く韓国経済　*2*

第2節　格差の拡大と高齢者の貧困　*9*

第3節　本書の構成　*12*

おわりに──「圧縮型」成熟過程にいかに対応するか──　*14*

第1章　韓国の輸出主導成長とその変容　　　　　　奥田　　聡

はじめに　*19*

第1節　輸出入の現状──輸出への依存が強まった韓国経済──　*20*

第2節　輸出入の品目構成と競争力の構造　*25*

第3節　市場別の輸出入の構成と競争力の推移　*33*

おわりに　*43*

第2章　IT産業の環境変化と韓国企業の競争力　　　吉岡　英美

はじめに　*51*

第1節　低成長下のIT産業　*52*

第2節　IT産業を取り巻く環境変化と韓国の対応　*57*

第3節　IT産業の競争力の維持に向けた課題　*64*

おわりに　*70*

第3章　重化学工業の競争力と構造調整の課題　　　安倍　　誠

はじめに　*79*

第1節　重化学工業の成長から停滞への転換　*80*

第2節　構造調整政策の始動と限界　*90*

第3節　高付加価値化・多角化への課題　*98*

おわりに　*105*

iii

第4章　高齢化と所得格差・貧困・再分配　　　　　　渡邉　雄一

はじめに　*109*

第1節　少子高齢化にともなう人口構造・世帯構成の変化　*110*

第2節　少子高齢化と所得格差・貧困　*115*

第3節　家計の経済行動——所得構成・消費支出——　*120*

第4節　世代間移転と所得再分配政策の効果　*124*

おわりに　*130*

第5章　非正規雇用労働者の動向と労働条件　　　　　　高安　雄一

はじめに　*135*

第1節　非正規雇用労働者の全体的な動き　*136*

第2節　性・年齢層別の非正規雇用労働者の動き　*144*

第3節　非正規雇用労働者の労働条件　*154*

結論　*159*

第6章　低成長・高齢化時代における社会保障制度の
**　　　　現状と今後のあり方**　　　　　　　　　　　金　明中

はじめに　*165*

第1節　公的扶助制度の現状と最近のおもな改革　*166*

第2節　公的年金制度の現状と最近のおもな改革　*175*

第3節　公的医療保険制度の現状と最近のおもな改革　*181*

第4節　老人長期療養保険制度　*186*

第5節　社会保障制度の財政の現状や財源確保のための議論　*193*

おわりに　*196*

索引　*201*

序　章

低成長時代を迎えた韓国
──その要因と社会経済的課題──

安　倍　　誠

はじめに

2000年代まで，韓国は躍動するアジア経済の一角に位置づけられていた。とくに日本経済が「失われた20年」と呼ばれるような経済停滞に落ち込み，かつて世界をリードしていた日本の電機・電子メーカーや自動車メーカーが競争力を失ったのとは対照的に，サムスンやLG，現代自動車といった韓国メーカーが台頭して市場を席巻したことは「ダイナミック・コリア」の強いイメージを世界の人々に与えたといえるだろう。しかし，2010年代に入ると韓国内からは経済の減速に対する憂慮の声が強まっていった。それと同時に格差や貧困の問題もクローズアップされるようになっている。立場の強い者の弱い者に対する理不尽な行動を指す「カプチル」（甲のふるまい），世代を超えて格差が固定してしまっていることをいう「金の匙，土の匙」といった言葉が流行語にまでなっている[1]。

本書は韓国の成長率の低下や格差拡大の原因と今後の展望について，最新の経済・政策動向をふまえつつ明らかにすることを目的としている。序章である本章では，第1節と第2節において韓国の低成長と格差・貧困問題の全体像を示す。第3節では本書の構成と各章の内容を紹介する。最後に，本書の内容をふまえつつ今後取り組むべき課題を提示して結びとする。

1

第1節　低成長が続く韓国経済

1．GDP 成長率の低下

　韓国の成長率低下の傾向自体は，2000年代に入ってからすでに明らかであった。1991〜2000年の GDP 成長率は平均6.9%，通貨危機直前までの1991〜1997年に限ると7.9%と高い成長を維持していた。それが2001〜2010年には同4.4%，2011〜2016年にはさらに同2.9%まで低下した。もちろん，2015年の韓国のひとり当たり GDP は 2 万 7 千ドルと先進諸国とほぼ同水準に達していることを考えると，ある程度の成長率の低下は避けられないであろう。近年，成長率の低下が先進国を含めた世界的な趨勢となっているからなおさらである（Summers 2016）。しかし，低下のペースが速く，かつ低迷から抜け出す兆候もみられないことから，日本の「失われた20年」と同じような低成長の沼にはまってしまったのではないかという声が韓国内では高まっている（産業研究院 2015）。

　成長の動向を詳しくみるために1990年代以降の韓国の需要項目別 GDP 成長率の推移を示したものが図序−1である。ここから1997年の通貨危機以降，民間消費，それに固定資産形成という内需の伸びが鈍化したことがわかる。これに対して輸出は増加を続けて2000年代の成長を支えていた。しかし，その輸出が2010年代前半には大きく減速してしまっている。内需の長期低迷に輸出の落ち込みまで加わって低成長が持続してしまっているのが現在の韓国経済の姿である。

2．内需の低迷

　ではなぜ内需が沈滞しているのだろうか。第一に考えられるのは，通貨危機後の構造改革の影響である。通貨危機以前，韓国の企業は借り入れ依存の経営を行っていたが，危機を契機に経営が悪化したため，債務の大規模な削減を余儀なくされた。その後も政府が債務比率に上限を設定するなど財務の健全性を強く迫ったため，企業は以前のような借り入れをてこに

図序-1 需要項目別GDP成長率

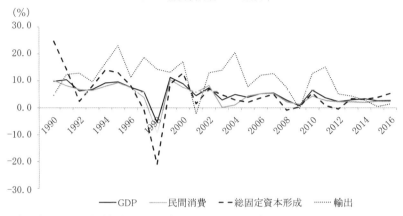

(出所) 韓国銀行経済統計システム (https://ecos.bok.or.kr)。

した大胆な設備投資を行うことができず，投資全体が低迷することとなった。さらに通貨危機後の構造改革は雇用にまで及んだ。企業は従業員の大規模なリストラを行うとともに，その後も賃金の上昇や採用を抑制して労働コストを増やさないように努めた。その結果，家計の所得は伸び悩むことになったのである。図序-2には国民所得に占める家計可処分所得の割合を示しているが，通貨危機直後の1998年をピークに2010年まで低下を続け，その後も回復していないことがわかる。家計所得の伸び悩みにより，民間消費が低迷することになったと考えられる[2]。

第二に，そして2010年代に入ってとくに深刻な問題となりつつあるのは少子高齢化の影響である。韓国は短期間に急速な成長を遂げたために出生率の低下のスピードが速く，それゆえに少子高齢化も急速なペースで進んでいる。一般に，社会において働き手が増えている社会を「人口ボーナス社会」，逆に働き手が減っている社会を「人口オーナス社会」と呼ぶ。具体的な指標として，生産年齢人口（15～64歳）が全人口に占める比率が上昇しているか，低下しているかで区別することが多い（小峰 2010）。図序-3からわかるように，韓国の生産年齢人口比率はすでに2012年をピークに低下し

図序-2 国民所得に占める家計・非営利団体の比率

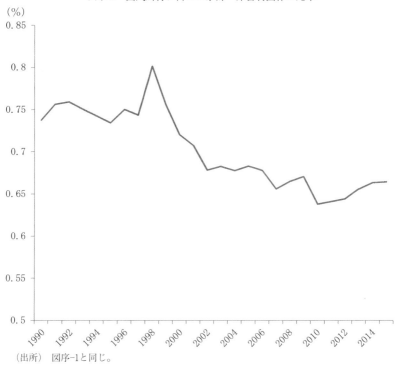

（出所）　図序-1と同じ。

始めている。日本のピークは1992年であり，韓国は日本に20年遅れて人口ボーナス社会から人口オーナス社会に転じたことになる。しかも今後，65歳以上の高齢者比率は急速に上昇し，2060年には日本に追いつくと予測されている。

　日本では生産年齢人口の減少と引退した高齢者人口の増加による個人所得の落ち込みが消費の低迷を招いた可能性が指摘されている（藻谷 2010）。韓国では高齢者の増加に加えて，その下の世代である1955年から1963年生まれのいわゆる「ベビーブーム」世代も引退の時期を迎えている。韓国では2013年の法改正によって企業の定年が55歳から60歳に引き上げられたものの，50代前半で「名誉退職」と呼ばれる早期退職勧奨がなされることが多い。しかし再就職は難しく，パートタイムのような非正規職か，もしくは自ら

図序-3　生産年齢人口比率

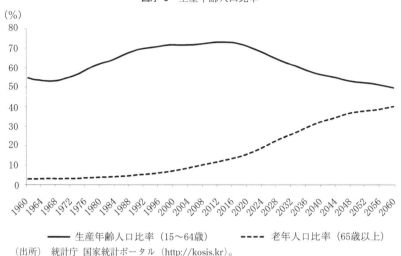

（出所）　統計庁　国家統計ポータル（http://kosis.kr）。

自営業を起こすしかない。韓国の近年の自営業者数の増加の要因のひとつはこうした退職者の起業だが，飲食店やコンビニエンスストアなど過当競争のため事業環境は苦しく，失敗は後を絶たないとされる。高齢者および高齢者予備軍の将来不安による消費の萎縮が韓国においても現実のものとなっていると考えられるのである[3]。

3．輸出のブレーキ——競争力問題——

　内需の沈滞ばかりでなく，2010年代に入ると輸出の低迷も韓国の成長率を押し下げることになった。その大きな要因のひとつはリーマンショック以降の世界的な低成長傾向とそれによる貿易の収縮である。しかし，それだけでなく韓国固有の要因もあると考えられる。ここでは以下の二点を指摘しておきたい。

　第一は，中国産業の台頭である。周知のように中国は2000年代に急速な成長を実現した。とくに輸出を含め製造業の発展が著しかったが，韓国は急拡大する中国に対しておもに部品や素材など中間財を供給する役割を担

5

い，輸出主導の成長を実現した。当初，中国の製造業は軽工業や単純な組立加工の段階にとどまっていたが，急速に高度化を実現し，重化学工業製品の国内自給率を上昇させた。それにとどまらず造船や鉄鋼では世界第1位の輸出国にまで浮上した。これはすなわち韓国製造業が重要な市場を失うことを意味した。鉄鋼の場合は韓国市場にも流入して韓国企業の生存を脅かしている。中国企業の急速な追い上げは携帯電話やLCDパネルなどIT産業にまで広がっており，韓国産業の最後の砦ともいうべき半導体にまで及ぼうとしている。

　第二は，キャッチアップ段階の終了である。韓国はこれまで先進諸国へのキャッチアップという目標に向かって邁進してきた。その目標はある程度達成して先進国とほぼ同等か，あるいはそれを凌駕する成果を上げている産業もある。しかし，その成功はおもに技術的には他国で創造された技術を吸収・改良することによるものだった。これからは創造的な技術を自ら生み出して新たな製品を開発することが求められている。韓国内でも近年，これまでの韓国産業は「すばやい追随者＝Fast Follower」として成功してきたが，「先行者＝First Mover」には成り得ていないとの声が強まっている。

　しかし，従来のキャッチアップ型経済から創造型経済への転換は一朝一夕で成し遂げられるものではないだろう。日本の「失われた20年」のひとつの要因はまさにキャッチアップの終了によるものであり（深尾 2012），事実，1990年代前半には自国産業に対して同様の認識がなされていた（竹内・島田・伊丹 1994, 31）。とくに韓国の場合，克服すべき課題が大きいと考えられるのは，韓国経済のこれまでの成長があまりに短期間に実現したために，十分な技術基盤を蓄積できていない可能性があるからである。

　それを表しているひとつの指標が，技術貿易収支の動向である。技術貿易は特許や商標の販売やライセンシング，その他技術サービスの取引を指している。日本の場合，長く赤字が続いていたが1993年に黒字に転換し，その後急速に黒字幅を拡大してアメリカに次ぐ世界第2位の水準にまで達している。これに対して韓国の技術貿易を示したものが図序-4である。韓国の技術輸出額は拡大しているものの技術導入額の拡大も依然として大き

く，そのために技術貿易収支の赤字が縮小していない。このことはまだ韓国において十分に産業技術が蓄積されていないことを示唆している[4]。

もちろん，他方では課題克服に向けた動きが進んでいることも事実である。OECDの統計によれば，2015年における韓国の研究開発投資額の対GDP比は4.2%であり，イスラエルと並んで世界で最も高い水準にある。投資額自体も米国，中国，日本，ドイツに次いで世界第5位に達している。今後は，引き続き活発に研究開発投資を行うとともに，研究開発がビジネスに結びつけられるような企業内の体制整備や企業と大学・研究機関との協力関係の強化が求められる。

4．持続的な成長への憂慮

成長率の低下傾向が続く結果，韓国経済の将来的な見通しも明るいものではなくなっている。成長余力，すなわち潜在成長率が下がってしまって

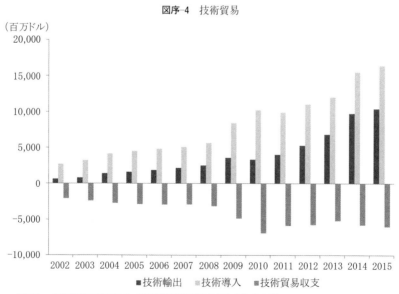

図序-4　技術貿易

（出所）　未来創造科学部ほか『技術貿易統計調査報告書』各年版。

いる可能性が高いからである。設備投資の低迷によって資本ストックの伸びは鈍化してしまっている。何よりも少子高齢化の進行による生産年齢人口の減少は、そのまま労働供給の減少となるだろう。さらに、先にみたように技術の蓄積が十分でなく市場の先導者となりえていない産業の状況を考えると、技術進歩が成長を主導すると楽観することもできない[5]。成長率が今後も趨勢的に下落していくことが憂慮されるのである。

　国際収支も将来的な不安を感じさせる趨勢となっている。いわゆる「国際収支の発展段階説」によれば、一国経済が工業化を進めると、初期段階の貿易収支と所得収支がともに赤字である「未成熟債務国」から、輸出により貿易収支が黒字化する「成熟債務国」へと移行する。さらに輸出が増大すると貿易収支の黒字が所得収支の赤字を上回って経常収支が黒字化する「債務返済国」となり、さらに貿易黒字の積み重ねによって純債権国となると貿易収支と所得収支が黒字化する「未成熟債権国」へと転換する。その後、経済が成熟すると製造業が縮小して貿易収支が赤字化するが、それ以上に所得収支が黒字であるために経常収支は黒字にとどまる「成熟債権国」となる。さらに貿易収支の赤字が所得収支の黒字を上回って経常収支が赤字になると、対外純資産が減少する「債権取崩国」となる（谷沢 2006, 282-284；経済産業省 2006）。

　この発展段階説からみると、貿易収支は赤字だが所得収支の黒字により経常収支の黒字を維持している日本は「成熟債権国」ということになる。韓国の場合、貿易収支が大幅に黒字となって「債務返済国」となったのが1998年であり、さらに所得収支が黒字に転換したのがようやく2010年になってからである。しかも、その後、所得収支の黒字は拡大していない（図序-5）。2010年代の貿易黒字の拡大は輸出増大によるものというよりも景気減速にともなう輸入減少によるところが大きい。2016年末から輸出は回復基調にあるが、先にみたように技術的な課題もあるなかで、今後も大幅な貿易黒字を計上して対外資産を蓄積し続けることができるかどうかは不透明である。そうすると、現在の日本のように貿易収支が赤字に転換しても所得収支は大幅な黒字を維持するような「成熟債権国」になるというシナリオを描けなくなってしまうのである。

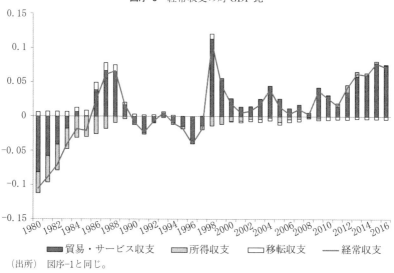

図序-5 経常収支の対GDP比

(出所) 図序-1と同じ。

第2節　格差の拡大と高齢者の貧困

　以上でみてきたような成長率の低下傾向が持続しているなかで，格差の問題も韓国社会に深く根を下ろしてしまっている。そもそも格差それ自体が成長を制約してしまっている可能性もある。第4章で詳しく論じるように，所得格差は1997年の通貨危機以降，大幅に拡大し，その後も広がり続けた。2008年以降，格差は縮小傾向にあるものの，危機以前の水準には戻っていない。

　格差拡大の要因のひとつとして労働分配率の低下が挙げられる。先にみたように通貨危機直後から企業は労働コストの抑制に努めるようになった。他方で企業はそれまでの借り入れに依存した経営に対する反省から内部留保を積み上げるとともに，資本市場の自由化が進んだ状況下で投資家の資金を呼び込むために積極的な配当政策に転じた。その結果，労働者に賃金のかたちで分配される割合は大きく低下することになり，資産をもつ者と

もたない者のあいだでの格差が広がることになった（カンドゥヨン・イサンホ 2012）。

　しかし，格差が拡大したより大きな原因は労働者のなかでの賃金収入の格差の拡大によるものと考えられる。賃金格差はまず大企業と中小企業のあいだで生じている。韓国では1970～1980年代の高度経済成長期から，輸出は大企業中心，内需は中小企業中心という二重構造が形成されていた（谷浦 1989）。この構造はその後も変わらず，2000年代に入って輸出が好調な一方，内需が沈滞するなかで大企業と中小企業の賃金格差が拡大していった。大企業と比べた中小企業（10人以上）の常用労働者の時間当たり給与水準は，2000年の70.2％から2014年には59.2％まで低下している。

　さらに格差を拡大させたのが非正規雇用労働者の増加である。通貨危機時にリストラを実施した韓国企業は，景気回復後に雇用を増やす際，いつでも雇用調整が行えるように，また労働コストを抑えるために正規雇用労働者を減らして非正規雇用労働者の採用を増やした。輸出大企業のなかでも造船など労働投入量が多い企業の場合，構内下請けなど非正規雇用労働者を大幅に増やした。正規雇用労働者に比べて賃金の安い非正規雇用労働者の増加によって，労働者間の所得格差が広がることになったと考えられるのである。

　正規雇用労働者の採用減少の影響をとくにこうむったのは若者であろう。1990年代半ばから，大学改革の影響によって大卒者数が大幅に増加した。しかし，大企業の正規雇用労働者の採用はそれに見合うだけは増加せず，かといって中小企業の待遇は大企業と比べて悪く，その格差はむしろ拡大していた。多くの若者があくまでも大企業への就職を望んでいることもあり，2000年代以降，若者の失業率は高止まりを続けており，2010年代に入ってさらに高まる傾向にある。2016年の全体の失業率が3.7％なのに対し，15～29歳の若年失業率は9.8％に達している。直接的な就職活動はしていないが公務員試験や資格取得の準備をしている就職準備生などを含めた体感失業率はこれよりもかなり高いとみられている。

　韓国の大きな社会問題としてもうひとつ浮上しているのが先にみた急速な高齢化の進行である。高齢化がとくに問題となっているのは，多くの高

齢者が当初の職場からの早い引退を余儀なくされる一方，引退後の準備が十分にできていないことにある。そのため，高齢者が現役の頃のような生活を維持できずに貧困状態に陥ってしまうケースが極めて多い。図序-6は所得が平均所得の半分にも満たない，いわゆる「相対的貧困」に陥っている高齢者の比率をOECD各国についてみたものである。韓国の相対的貧困率は49.6％と，OECD諸国のなかで際だって高くなっている。

格差や貧困問題の解消・緩和のためには社会保障の充実が欠かせない。ひとり当たりGDPが2万7000ドルと先進国水準に達している韓国にとって，社会的な目標は持続的な経済成長だけでなく，公正な分配と福祉政策の充実を通じた社会全体での豊かさの享受にもあるはずである。しかし2016年の韓国の社会保障費の対GDP比率は10.4％とOECD諸国平均の21.0％の半分にすぎず，OECD諸国のなかでも最低水準にある。本来，高齢者の生活を社会的に支えるはずの公的年金の場合，国民年金制度が導入されたのが1988年と遅いために受給対象年齢となっても受取額が少なかった上に，未加入者自体がいまだに多い。そのために高齢者の貧困化を食い止めることができていないのが実情である。急速な成長に社会保障の整備が追いつかないまま，韓国ははやくも低成長と高齢化の時代を迎えてしまっている。

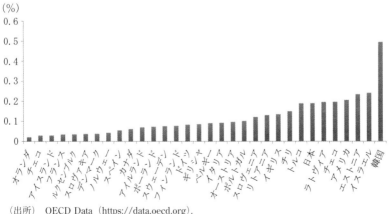

図序-6　高齢者の相対的貧困率

（出所）　OECD Data（https://data.oecd.org）．

第3節　本書の構成

　以上でみてきたように，現在の韓国は低成長の克服，さらには社会的格差や貧困の是正といった課題を抱えている。これらの課題について，最新の経済動向や政策をふまえつつ，分野別に掘り下げて明らかにしようというのが本書の目的である。ここであらかじめ本書の内容を要約して紹介しておきたい。

　本書前半では経済面での低成長とその克服のための課題について，とくに産業競争力に焦点を当てて論じる。

　第1章「韓国の輸出主導成長とその変容」では，マクロデータ，貿易データをもとに韓国の成長パターンと競争力の変化を分析している。2000年代に入ってから韓国は内需の不振を輸出がカバーしていたが，その結果，外的ショックの影響をより受けやすい経済構造になっている。製品別には自動車や機械などが貿易黒字を稼いでいるが，価格競争力によるところが大きい。情報通信機器，造船などの貿易黒字は非価格競争力によるものだが，中国などの追い上げや海外生産の拡大によって黒字幅は縮小しており，今後に不安を残している。地域別には中国，ASEAN向けでは非価格競争力を背景に黒字を拡大し，長年の懸案であった対日貿易赤字も縮小させている。しかし，対米黒字は依然として価格競争力によるものであり，対EU貿易は赤字に転換するなど，総じて対先進国貿易には課題が残っている。

　第2章「IT産業の環境変化と韓国企業の競争力」では1990年代から韓国産業を牽引してきたIT産業の競争力について論じている。2010年代に入って韓国のIT産業の生産の伸びは鈍化しているが，これはおもに携帯電話端末とLCDの不振によるものである。不振の原因としては海外生産の拡大と中国の急速な追い上げが挙げられる。韓国が依然として高い競争力を誇っている半導体についても中国政府が重点的に育成を図っており，韓国企業が今後もその地位を維持できるか不透明である。課題は新たな成長の牽引役となる製品を生み出すことであり，そのためには従来の大企業以外の新たな企業の勃興・成長が不可欠である。しかし，これまでの「圧縮型発展」の過程で生み出された構造的な企業間格差の大きさゆえにそれは容易では

ない。

第3章「重化学工業の競争力と構造調整の課題」は，従来型の重化学工業，具体的には造船，鉄鋼，化学の競争力について論じている。韓国のこれらの産業は2000年代以降，新興国を中心とした市場の拡大により急成長を遂げてきた。しかし，2010年代に入って新興国市場の成長が鈍化する一方，中国企業が急速に台頭してきたことにより，成長にブレーキがかかった。その結果，1970年代後半以降の日本の重化学工業と同様に構造調整の必要性が政策的課題として浮上している。しかし，企業整理などハードランディングのシナリオは地方経済への影響が大きく，合併や設備調整といったシナリオは企業間の調整が難しく容易ではない。長期的には汎用品の少品種大量生産から製品の多様化や高付加価値化が不可欠だが，そのためには，圧縮成長の過程で等閑視してきた，経験の蓄積に立脚した設計能力の向上が大きな課題となっている。

第4章から第6章までは社会的な課題について，格差・貧困問題への高齢化のインパクト，格差の大きな要因のひとつである非正規労働，そしてセーフティネットとしての社会福祉を中心に論じる。

第4章「高齢化と所得格差・貧困・再分配」では急速な高齢化にともなって所得不平等の悪化や貧困率の上昇が生じている事実を，データをもとに確認する。そのうえで格差と高齢者の貧困拡大の要因について以下の三点を指摘している。第一に，韓国では伝統的に存在していた「高齢者は家族に扶養義務がある」という意識が急速に薄れており，そのため高齢者のみの世帯が増加するとともに，現役世代から引退世代への私的移転も減少する傾向にある。第二に，私的移転が不十分な状況のなかでは年金その他社会福祉による公的移転で支えることが必要だが，韓国では制度導入から間もないこともあり，再分配は不十分な状況である。第三に，私的・公的移転に頼れない以上，高齢者は自ら働いて所得を得るほかないが，その多くは不安定な自営業や単純労務職なのが実情である。このことから本章は格差・貧困問題の解消のためには社会保障や再分配政策の機能強化と労働市場や雇用制度の改善が必要であることを強調している。

第5章「非正規雇用労働者の動向と労働条件」は通貨危機後の格差拡大

の大きな要因となっている非正規雇用労働者の動向を追っている。韓国では非正規雇用労働者の労働条件の保護・強化と正規雇用への転換を促進するために2007年に非正規職保護法が施行された。施行以後，とくに男性中年層において有期契約から正規雇用への転換がみられるなど一定の成果がみられた。全体の労働者に占める正規雇用労働者の比率も低下しているものの，非正規雇用労働者の絶対数は増加を続けている。とくに失業に苦しむ青年層，家計補助の必要に迫られた女性の中高年齢層を中心にパート労働者が増加している。さらに本章では，非正規雇用労働者の給与など労働条件が正規雇用労働者と比べて依然として大きな格差があることを問題点として指摘している。

　第6章「低成長・高齢化時代における社会保障制度の現状と今後のあり方」は韓国の社会保障制度のなかでも貧困や高齢化とのかかわりが大きい公的扶助，公的年金，公的医療保険，老人長期療養保険（日本の介護保険に相当）について，各制度の概要と改革の方向性についてまとめている。通貨危機以降，韓国の社会保障制度は急速に整備されて制度の導入だけをみれば先進国の水準に達している。しかし，給付水準は低い状況にあり，制度的にもまだ十分に整備されていない領域が少なくない。健康保険では自己負担が高い上に看病費用など非給付分野も残されている。年金の場合，国民年金の給付水準の低さや未加入者の多さを補完するために，新たに基礎年金制度を導入した。しかし，この年金の給付額も貧困を解消するには十分とはいえないのが実情である。社会保障の給付水準が低いもうひとつの要因としては「財政支出の最小化」という韓国政府の方針によるところも大きい。今後，高齢化のさらなる進展によって社会保障費の増大は避けられないが，低成長時代に入って税収の大幅な増加は期待できない。給付水準と財源の問題は韓国においても大きな政治イシューとなっていくであろう。

おわりに——「圧縮型」成熟過程にいかに対応するか——

　韓国の経済発展は，先進国が要した期間よりもはるかに短期間で達成さ

れた「圧縮型発展」と称されるものであった（渡辺 1982）。2010年代頃になっ
て産業競争力では先進国へのキャッチアップが終わろうという段階に入り
つつあるが，早くも後発の大国である中国の急速なキャッチアップに直面
している。しかし，次のステップに進むための十分な技術を蓄積している
とはいえない。他方で，経済発展が「圧縮型」であったために少子高齢化
も急速に進行しており，このことも成長率を低めてしまっている。少子高
齢化に対応するためには社会保障の充実が不可欠だが，高齢化のスピード
の速さに制度の整備が追いついていない。しかも制度が整う前に早くも財
源問題が重くのし掛かるようになっている。発展過程が圧縮されたもので
あったがゆえに成熟過程も圧縮されたものとなってしまい，さまざまな領
域で蓄積や準備が十分でなく苦慮しているのが現在の韓国の姿といえるだ
ろう。

　それでは今後，韓国はどのように問題を解決していくべきなのであろう
か。本格的な政策提言については今後の課題としたいが，そこで重要とな
るのはやはり日本の経験であろう。日本も欧米諸国に比べればその発展過
程は「圧縮型」であり，日本は韓国に先立って1990年代に産業競争力にお
けるキャッチアップの終了や人口ボーナスから人口オーナスへの転換を経
験してきた。そこから噴出してきたさまざまな課題，まさに「課題先進国」
としての日本の経験は，韓国にとっては大きな参照軸となるであろう（小宮
山 2007；末廣 2014, 219-221）。韓国の場合，日本よりも成熟過程が圧縮され
ているがゆえに問題は大きいかもしれないが，韓国は日本の経験から学べ
る「後発性の利益」もあるといえる。

　そのような政策的な試みは部分的ではあるがすでに表れている。たとえ
ば第3章で論じる韓国の構造不況業種の構造調整政策は，日本の1970〜1980
年代の産業内調整策と2000年代の企業の事業再編促進策をセットにしたも
のになっている。また第6章で紹介する老人長期療養保険制度の場合，2000
年に導入された日本の介護保険制度をひとつのモデルとして，2008年には
正式に制度をスタートさせている。それぞれ日本の政策をみて，それを圧
縮して，あるいは早めに手を打つかたちで韓国は政策対応を行ったといえ
るだろう。また高齢化対策については，2010年から日本と韓国，さらに同

じく高齢化が進行している中国の3カ国政府によって毎年「日中韓高齢化セミナー」が開催され，高齢化への各国の取り組みに関して議論が行われている。今後，日韓のあいだで問題解決のためのさまざまな対話が進むことを願ってやまない。

〔注〕

(1) 韓国では現在も「甲」「乙」という言葉を上下，優劣の表現として使うことが多い。「金の匙，土の匙」は裕福な家に生まれることを指す英語の "born with a silver spoon in one's mouth" から来ている。

(2) 家計所得が伸びないため，家計の負債は増加した。家計負債の対可処分所得比は2006年の112％から2016年には151％まで上昇している。このことがさらに民間消費を冷え込ませていると考えられる。

(3) 人口動態の需要面の影響について，人口ボーナスから人口オーナスへの転換とバブルの生成・崩壊が時期的に符合することが指摘されている（西村 2012）。日本の場合，1980年代後半の住宅バブルの発生はまさに戦後のベビーブーム世代（1947〜1949年生まれ）が40歳を迎え，競ってマイホーム購入を行ったことによる住宅建設ラッシュによるところが大きく，その後，マイホーム購入適齢期の人口が減少してバブルが崩壊することになった（藻谷 2010, 123-128）。韓国においても2000年代前半から半ばに1955〜1963年生まれのベビーブーム世代が住宅購入適齢期となったためにアパート需要が急増した。その結果，アパート価格が首都圏を中心に急速に上昇し，住宅建設ラッシュが生じた。注(2)で述べた家計負債の増加は，この住宅ブームを契機としていた。しかし，その後，一転してアパート価格は低迷し，ソウル市で一部価格が急騰した地域は大きく落ち込むことになった。これにより建設投資が冷え込むとともに，アパート価格の下落による逆資産効果を通じて消費も悪影響を受けた可能性がある。

(4) ただし，たとえば日本の場合，技術輸出の多くは日本企業の海外現地法人からのロイヤリティの受取である。こうした受取をどの程度技術蓄積の反映ととらえるかは慎重な検討が必要である。

(5) 韓国銀行の推計によれば，技術進歩率を示す総要素生産性の伸びは2001〜2010年には年平均1.7％であったが，2011〜2014年は0.8％と大幅に鈍化している（キムドウァン・ハンジンヒョン・イウンギョン 2017）。

〔参考文献〕

＜日本語文献＞
経済産業省 2006.『通商白書 2006』経済産業省.
小峰隆夫 2010.『人口負荷社会』日本経済新聞出版社.

16

小宮山宏 2007.『「課題先進国」日本――キャッチアップからフロントランナーへ――』中央公論新社.

末廣昭 2014.『新興アジア経済論――キャッチアップを超えて――』岩波書店.

竹内啓・島田晴雄・伊丹敬之 1994.「日本の製造業の発展のために」吉川弘之監修, JCIP編『メイド・イン・ジャパン――日本製造業変革への指針――』ダイヤモンド社 15-36.

谷浦孝雄 1989.『韓国の工業化と開発体制』アジア経済研究所.

西村清彦 2012.「人口動態が迫る政策（上）少子高齢化の『重荷』, 世界で」『日本経済新聞』2012年1月17日.

深尾京司 2012.『「失われた20年」と日本経済――構造的原因と再生への原動力の解明――』日本経済新聞出版社.

藻谷浩介 2010.『デフレの正体――経済は「人口の波」で動く――』角川書店.

谷沢弘毅 2006.『コア・テキスト経済統計』新世社.

渡辺利夫 1982.『現代韓国経済分析――開発経済学と現代アジア――』勁草書房.

＜韓国語文献＞

강두용·이상호 ［カンドゥヨン・イサンホ］ 2012.「한국경제의 가계·기업 간 소득성장 불균형 문제：현상·원인·함의」［韓国経済の家計・企業間所得成長不均衡問題：現象・原因・含意］ISSUE PAPER 2012-296, 12月, 産業研究院.

김도완·한진현·이은경 ［キムドウァン・ハンジンヒョン・イウンギョン］ 2017.「성장잠재력 하락요인 분석: 생산효율성을 중심으로」［成長潜在力下落要因分析：生産効率性を中心に］『調査統計月報』5月.

産業研究院 2015.「한국경제의 일본형 장기부진 가능성 검토」［韓国経済の日本型長期不振の可能性検討］『産業経済情報』(610), 4月13日.

＜英語文献＞

Summers, Lawrence H. 2016. "The Age of Secular Stagnation: What It Is and What to Do About It." *Foreign Affairs* 95(2) March/April:2-9.

第1章

韓国の輸出主導成長とその変容

奥　田　　聡

はじめに

　1996年の OECD 入りで韓国は先進国の隊列に加わった。この決断については時期尚早だったとの批判が強かったが，20年が経過した今になって改めて振り返れば，韓国もほかの先進国と同様に経済成熟にともなう内需の伸び悩みとそれによる低成長の趨勢から逃れることはできなかった。この間，韓国経済は2度にわたる外的ショックに見舞われているが，輸出主導の成長構造を強化することで成長率の落ち込みを食い止めてきた。自動車，半導体，スマートフォンなどのヒット商品が出たことでそれらを武器としたさらなる輸出拡大が可能となり，成長低下趨勢や外的ショックに対抗することができたのは韓国にとって幸いであった。

　こうした輸出主導の成長構造は1960年代以降四半世紀余りにわたった輸出促進を通じた高度成長（「漢江の奇跡」）のときのそれと似通う部分があるが，21世紀に入ってからの韓国では経済成長が緩慢となり，市民が生活水準の改善を実感しにくくなったことが過去のケースと大きく異なる。韓国企業の製品が世界各国の市場で台頭し，苦戦を強いられた日本企業との好対照をなしたことは記憶に新しい。だが，ここ数年で21世紀に入っても続いた輸出拡大は勢いを失い始めている。経済成長を牽引してきた輸出の不調で，経済成長の先行きに関しても悲観的な見方が増えているのが現状で

19

ある。

　本章では，韓国の対外関係のうち商品貿易に焦点を当て，21世紀に入ってからの韓国経済が世界経済とのかかわりを強めながら経済成長を確保してきた歩みを跡づける。またこれとともに，近年の韓国の貿易の構造や特徴を確認していくこととしたい。本章の構成は以下のとおりである。第1節では，輸出入の現状を概観するとともに，輸出依存を深めた韓国経済の成長構造を確認する。輸出入の品目構成および国別構成，貿易収支の推移，輸出依存的な成長構造，深まりつつある加工貿易的性質などをみていく。第2節では韓国の品目別・市場別競争力の推移をみる。ここでは，貿易収支を価格要因により分解して韓国製品の競争力のありかを検討する。第3節では第三国市場において繰り広げられる韓国とその競争相手とのあいだの熾烈なシェア争いを概観する。最後に，それまでの議論をまとめるとともに，今後の韓国経済の進路についての若干の展望を示したいと思う。

第1節　輸出入の現状
——輸出への依存が強まった韓国経済——

1．ハイペースでの伸びの後，急減速した輸出入

　まず，韓国の輸出入の推移をみてみよう（表1-1）。輸出入ともに21世紀に入ってからの伸び率は高い。2000年から2015年までの16年間における年平均増加率は輸出が7.7％，輸入が6.9％であった[1]。とりわけ，リーマンショックの起きた2008年までの9年間の輸出入の年平均増加率は輸出が11.9％，輸入が13.3％と二ケタの高い伸びを示した。だが，その後貿易は輸出入ともに伸び悩むようになる。2008年から2015年までの8年間の輸出入の年平均増加率は輸出が3.2％，輸入がゼロであった[2]。

　後述のように，21世紀に入ってから貿易収支の黒字が景気の底割れを防ぐ役割を果たしてきた。その額は年を追うごとに増加する傾向をみせている。2008年のリーマンショックの頃までは年間100〜200億ドル台で推移した

表1-1　韓国の輸出入総括

（百万ドル，％）

年	輸出	前年比増減率	輸入	前年比増減率	貿易収支（通関）
2000	172,268	19.9	160,481	34	11,786
2001	150,439	−12.7	141,098	−12.1	9,341
2002	162,471	8	152,126	7.8	10,344
2003	193,817	19.3	178,827	17.6	14,991
2004	253,845	31	224,463	25.5	29,382
2005	284,419	12	261,238	16.4	23,180
2006	325,465	14.4	309,383	18.4	16,082
2007	371,489	14.1	356,846	15.3	14,643
2008	422,007	13.6	435,275	22	−13,267
2009	363,534	−13.9	323,085	−25.8	40,449
2010	466,384	28.3	425,212	31.6	41,172
2011	555,214	19	524,413	23.3	30,801
2012	547,870	−1.3	519,584	−0.9	28,285
2013	559,632	2.1	515,586	−0.8	44,047
2014	572,665	2.3	525,515	1.9	47,150
2015	526,757	−8	436,499	−16.9	90,258
2016	495,466	−5.9	406,060	−7	89,406

（出所）　韓国貿易協会 K-stat（http://stat.kita.net）。

が，リーマンショック後は400億ドル台となり，2015年には900億ドルを超える水準にまで増加している。2015年の貿易黒字の対 GDP 比は6.6％で，重要な GDP 構成要素となっている。

2．通貨危機後の輸出依存的構造とバリューチェーンのグローバル化

　21世紀に入ってからの韓国は輸出を増やし，世界経済への関与を深めることで内需の不振に対処してきた。過去20年間に通貨危機とリーマンショック後の世界不況というふたつの経済的ショックを経験したが，やはりそのたびに輸出の増加により事態を乗り切ってきた。輸出を増やすことで設備稼働率の低下を防ぎ，ひいては経済成長率の底割れを回避してきたのであっ

た。

　先進国入りが遅かったため21世紀になってからも経済発展の「伸びしろ」とでもいうべき先発先進国へのキャッチアップ幅が多少残されていたことや，輸出拡大を通じた外向的成長の努力が功を奏したこともあって，ほかの先進国よりも高い成長率を実現した。2000年から2015年にかけての年平均経済成長率は3.9%に達する。低成長に苦しんだ日本の0.7%，そしてOECD平均の1.7%とは対照的である。

　不活発な内需に代わって輸出を前面に押し立てた外向的成長構造を採用したことで，韓国経済は外的ショックに自らをさらすリスクを抱えることになった。リーマンショックから最近までの期間に限ってみれば，韓国の成長パフォーマンスは明らかに低下している。2008年から2015年までの年平均経済成長率は3.0%にとどまり，直近では年率3.0〜3.2%とされる潜在成長率[3]を割り込む水準で推移している。

　2008年のリーマンショックにともなう先進国での景気後退はやがて韓国にも輸出の減少と成長の鈍化というかたちで押し寄せてきた。その後の輸出を中国，インドをはじめとする途上国市場に振り替えることでリーマンショック後の不況を乗り切ったが，2012年以後に深刻化した欧州財政危機を契機に輸出が再び頭打ちとなって現在に至る。輸出の伸び悩みは長期化し，輸出依存的な成長構造は裏目に出たかたちである。輸出不振による設備稼働率の低下は企業の景況感を悪化させ，さらなる投資手控えや雇用削減の誘因となった。そしてこれらは企業投資や民間消費など内需が低迷する要因となった。

　では，輸出が不振ならば輸入を抑えることで貿易黒字を出し，GDPを確保すればよいのであろうか？GDPは純外需，つまり貿易収支と内需の和として定義され，収支が黒字であればGDPをそのままかさ上げするからである。しかし，近年の状況をみるとこれが必ずしも得策とはいえない。

　図1-1は四半期ごとのGDP成長率（前年同期比）と貿易収支（商品）の対GDP比を組み合わせて図示したものである。リーマンショック以前には各期のGDP成長率が貿易黒字の対GDP比を上回ることが多く，内需が成長を支えていたことがわかる。また，この時期の貿易黒字は輸出の堅調によっ

22

図1-1 GDP成長率と商品貿易収支（四半期）

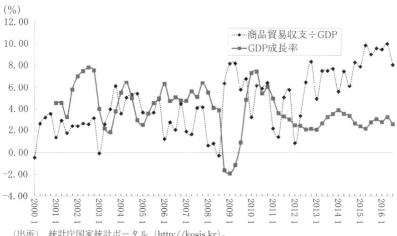

（出所）　統計庁国家統計ポータル（http://kosis.kr）。
（注）　商品貿易収支÷GDPは名目ベースの国民所得勘定上での商品輸出入の差を名目GDPで除したもの。GDP成長率は実質ベースの前年同期比伸び率。

て支えられており，輸出増加の効果が国内経済に波及していたことをうかがわせる。リーマンショック後になると，GDP成長率と貿易収支の対GDP比の位置関係は逆転した。GDPの8〜10%に上る大幅な貿易黒字を稼ぐにもかかわらずGDP成長率はむしろ低落傾向を示している。このことは，内需の不振が深刻化し，貿易黒字を失った場合には大幅なマイナス成長に陥ることを示唆する。この時期の貿易黒字を主導したのは輸入の収縮であるが，これは内需・外需両面での沈滞を背景としたものであった。需要が伸び悩む状況下で輸入の減少による大幅な貿易黒字がGDPを計算の上では押し上げる役割を果たしたが，こうした成因による貿易黒字は国内経済へのインパクトを欠き，景況感の好転をもたらしにくい。

　韓国の貿易についてはしばしば加工貿易的であるとの指摘がなされてきた。機械，部品，素材などの多くを輸入し，これらを組み合わせ輸出品が生産されてきたが，輸出による収入のうち国内に留まる部分，つまり付加価値が少ないという点をとらえて批判的に論じられることがあった[4]。しかし，現在では輸出品に含まれる海外の付加価値の割合が調達・生産の最適

23

化の度合いを示す指標ともなっている。企業はバリューチェーンのグローバル化を通じて調達・生産を国際化し，その最適化を図っているからである。21世紀に入って以降，韓国企業も海外調達の多様化や海外生産拠点の構築を積極的に進めてきた。具体的には，部品等調達の日本離れの現象や，自動車・携帯電話などの大規模生産拠点の建設[5]などである。付加価値貿易の概念を適用して計算した2011年の韓国輸出品における海外付加価値の割合は1995年に比べて19.4ポイントの上昇41.7％[6]となっている。この数値は，貿易・投資の思い切った対外開放で経済発展を遂げた台湾やASEAN諸国など開放型小国のそれに近い。

　進出企業の視点からとらえた統計を用いてみても，韓国企業のバリューチェーンのグローバル化はいっそうの深まりをみせている。表1-2は韓国企業の海外投資とそれに随伴する輸出入の推移を示したものである。2015年までの10年間で投資残額は8.2倍の1696億ドル（GDP対比12.3％）に増加した。この間，韓国の対外投資は本国からの輸出誘発的な性格を弱める一方で在外拠点からの持ち帰りは増えており，先進国型投資の性格を強めている。また，市場志向的な面からは，在外拠点が迂回輸出的性格を弱める反面，調達・販売両面での現地指向を強めている。実額でみれば韓国とのあいだの輸出入は増大しており，韓国の輸出入への関与の度合いは大きい。2015年現在，海外投資と関係する韓国からの輸出は10年間で2.7倍増の2158億ドル（総輸出対比41％），韓国からの輸入は同じく4.2倍の1034億ドル（総輸入対比24％）となっている。

表1-2　韓国の海外投資と誘発輸出入

（百万ドル）

年	投資残高	韓国の輸出	韓国の輸入	標本カバー率（％）
2005	20,769	78,983	24,738	47.1
2010	82,024	144,879	80,694	63.9
2015	169,626	215,818	103,493	70.6

（出所）　韓国輸出入銀行『海外直接投資経営分析』各年号。

第1章　韓国の輸出主導成長とその変容

第2節　輸出入の品目構成と競争力の構造

これまで輸出入の概観とそのマクロ経済的な意義についてみてきたが，ここからは輸出入の内容についての検討を行うことにする。まずは輸出入の品目構成とその競争力構造に注目する。本節以降においては「性質別分類」が登場するが，これは各品目の機能に注目した特殊分類のことを指すもので，韓国関税庁が提供する「新性質別分類」を使うことにする。

1．輸出入の性質・品目構造

表1-3は2015年時点における韓国の輸出入を性質・品目別に示したものである。

天然資源に恵まれない韓国の要素賦存状況から，その貿易は食料・天然資源を輸入して工業製品を輸出するというのが基本的パターンとなっている。輸出では資本財を中心とした重化学工業製品が多くを占め，輸入では食料，燃料，鉱産物などが多くを占める構造である。これは，要素賦存の状況がよく似ている日本と同様である。

輸出においては，輸送機器，機械，IT 製品・部品などの資本財が過半を占めるほか，消費財のなかにみえる自動車や原材料のなかにみえる鉄鋼・金属製品，化学工業製品などを合わせると重化学工業製品が輸出の大半を占める。下位分類にみえる具体的な品目名には自動車，鉱物性燃料（石油，石炭，天然ガス等），鉄鋼，化学工業製品，船舶，輸送機器部品，一般機械，電気機械，精密機械，無線通信機器（含スマートフォン），半導体，フラットパネルディスプレイなど，韓国の得意品目が網羅されている。特徴的なのは，フラットパネルディスプレイや輸送機器部品が近年になって輸出を増やしていることである。これらには韓国企業の海外生産拠点（家電，携帯電話，スマートフォン，自動車など）に送られるものが含まれているほか，ディスプレイに関してはスマートフォンやカラーテレビなどでの需要が伸びていることを反映したものである。

輸入においては，原材料が半分を占めるほか，資本財も約3分の1程度

表1-3 性質別輸出入総括 (2015年)

輸出			輸入		
性質・品目名	金額	シェア(%)	性質・品目名	金額	シェア(%)
総額	5,268	100.0	総額	4,365	100.0
1. 消費財	726	13.8	1. 消費財	604	13.8
			直接消費財	211	4.8
耐久消費財	545	10.3	耐久消費財	213	4.9
自動車	417	7.9	自動車	101	2.3
非耐久消費財	117	2.2	非耐久消費財	180	4.1
2. 原材料	1,464	27.8	2. 原材料	2,166	49.6
繊維類	115	2.2	動植物性原燃料	148	3.4
鉱産物	381	7.2	鉱産物	1,230	28.2
			鉱物	159	3.6
鉱物性燃料	322	6.1	鉱物性燃料	1,018	23.3
鉄鋼・金属製品	320	6.1	鉄鋼・金属製品	309	7.1
鉄鋼	237	4.5	鉄鋼	173	4.0
非鉄金属	83	1.6	非鉄金属	136	3.1
化学工業製品	592	11.2	化学工業製品	428	9.8
石油化学製品	244	4.6	精密化学製品	121	2.8
化合物	191	3.6	化合物	162	3.7
3. 資本財	3,078	58.4	3. 資本財	1,594	36.5
輸送機器	728	13.8	輸送機器	154	3.5
船舶	351	6.7			
輸送機器部品	295	5.6			
機械	873	16.6	機械	681	15.6
機械要素・工具類	94	1.8	機械要素・工具類	95	2.2
一般機械	369	7.0	一般機械	213	4.9
電気機械	219	4.2	電気機械	128	2.9
精密機械	141	2.7	精密機械	216	4.9
IT 製品	459	8.7	IT 製品	239	5.5
無線通信機器	311	5.9	無線通信機器	113	2.6
IT 部品	1,017	19.3	情報機器	91	2.1
半導体	629	11.9	IT 部品	521	11.9
フラットパネルディスプレイ	243	4.6	半導体	383	8.8
その他の IT 部品	145	2.8	その他の IT 部品	89	2.0

(出所) 関税庁輸出入貿易統計 (https://unipass.customs.go.kr:38030/ets)。
(注) 受理日基準による世界向けの計数で、単位は億ドル。「新性質別分類」に準拠。大分類以外の内訳は主要なものを抜粋したもの。

を占める。資源小国であることを映して原材料，とりわけ鉱物性燃料の輸入の大きさが目を引く。このほかの天然資源系の輸入品目としては，直接消費財（食料など），鉱物，動植物性原燃料などが表れている。工業製品としては，機械類とIT部品の輸入の多さが目を引くほか，化学工業製品の輸入もまた多い。機械類では一般機械や精密機械など，高付加価値でありながら国産化が遅れている分野の輸入が多く，化学工業製品ではこれも国産化が遅れている精密化学製品が登場している。また，半導体などIT部品輸入も多い。韓国はIT部品に圧倒的な強みをもつと思われているが，実際にはシステム半導体など高付加価値品については輸入品が幅を利かせている。天然資源の不足や技術力の不足，国産化の遅れというような韓国に足らない部分を輸入によって補おうという韓国の姿勢が輸入品目構成にも表れている。

２．産業別競争力の基本的な考え方と輸出入差額の要因分解の方法

　上では韓国の輸出入の性質・品目別構成をみてきたが，以下においては貿易収支と輸出入単価比からみた主要産業の競争力の現状と推移をみていくことにしよう。ここでは，韓国貿易の主力となる重化学工業に属する主要産業の貿易収支と輸出入単価比によって，その競争力が安値によるのか，あるいは品質・ブランド力など非価格的な要因によるのかを明らかにしていきたい。

　分析対象となる各産業の優位・非優位は輸出入差額（貿易収支）によって判断するが，これは当該産業の下位分類品目における輸出入差額を積み上げたものとなっている。その下位分類における輸出入差額を黒字・赤字の別および輸出入単価比（重量当たりの輸出単価÷輸入単価）の大小によって４分類し，片貿易，つまり輸出または輸入がゼロである場合の黒字・赤字の２分類を加えて計６分類に分け，これを再び各分類別に積み上げる。この積み上げた数値をもとにして，分析対象となる各産業の輸出入差額を下記のような３要因に分解して示すことにする[7]。

⑴　非価格効果

　輸出単価が相対的に高くても得られた貿易黒字から，輸入単価が相対的に安かったのにもかかわらず生じた貿易赤字を差し引いたものである。これが正の値をとれば自国製品の技術力，ブランド力などの非価格競争力が輸出価格の高さに反映され，貿易黒字が実現されていると解釈できる。輸出の高付加価値化の指標ともいえよう。また，この数値が負であれば，価格の高い輸入品に押されていることがうかがわれる。この場合，前述とは反対に，自国製品の技術力が劣る，海外のブランド力の高い製品が流入するなどの状況が想定される。

　具体的には，輸出入差額黒字（輸出入単価比＞１）－輸出入差額赤字（輸出入単価比＜１）として表される。

⑵　価格効果

　輸出単価を相対的に安くすることで得られた貿易黒字から，輸入単価が高かったことで生じた貿易赤字を差し引いたものである。これが正の値をとれば，輸出品の値下げによる輸出促進と貿易黒字の獲得，はなはだしくは「出血輸出」のような状況が想定される。また，この数値が負であれば，海外の安価な製品が国内に流入し，国内産業が苦戦している状況がうかがわれる。

　具体的には輸出入差額黒字（輸出入単価比＜１）－輸出入差額赤字（輸出入単価比＞１）として表される。

⑶　絶対効果

　片貿易により輸出入単価が計算できない品目の輸出入差額の総和である。これが正の値をとれば，何らかの強い国際競争上の優位が，負の値をとれば，何らかの国際競争上の劣位の存在が想定される。

　具体的には，輸出入差額黒字（輸出入単価比計算不能）－輸出入差額赤字（輸出入単価比計算不能）として表される。

ここでの主要産業別の競争力分析では，重化学工業全体および，半導体・

電子デバイス，情報通信機器，光学・精密，船舶，自動車，自動車部品，機械の８つを取り上げる。各産業と貿易品目コード（HS）の対応関係は付表1-A を参照されたい。

３．韓国の産業別競争力の現状と推移（重化学工業）

　図1-2-1から1-2-3は韓国の８つの産業の貿易収支を要因分解し，その推移を図示したものである。各産業とも概して厳しい状況に直面していることがうかがわれる。中国の追撃，韓国企業の生産拠点の海外移転，技術・ブランド力の不足などがその要因となっている。

　まず，ICT 産業周辺の機器，部品・部材に関する産業として半導体・電子デバイス，情報通信機器（スマートフォンなど），光学・精密（フラットパネルなど）の３つを取り上げる。図1-2-1に示されるように，これら３つの産業は圧倒的な強みをもっていることがわかる。いずれの産業も2016年現在でおおむね100億ドル以上の多額の貿易黒字を稼ぎ出す比較優位産業である。これら産業の貿易黒字は非価格効果の占める割合が極めて高いのが特徴で，比較的良好な価格条件で輸出が行われていることが示唆される。ただ，足元での展開をみると不安要因もみてとれる。

　半導体・電子デバイスに関しては，サムスン電子が早くから製品開発の先頭に立ち，業界をリードしてきた。現在も業界の世界第２位の座にある。このほか，ハイニックスも健闘している。サムスン電子では収益の主力であったスマートフォンに陰りが出ており，それに代わって同社では一昔前の主力商品だった半導体製品を再評価し，テコ入れを図っている。市況変動の影響を受けやすいメモリを主力とするが，集積度の高い製品を先行開発していち早く市場に出すことで先行者の特権である高価格を享受してきた。ただ，システム半導体製品など高付加価値製品への移行は進んでおらず，メモリ特有の価格変動のリスクは依然としてついて回る。

　情報通信機器の主力はスマートフォンで，サムスン電子が販売台数で世界トップに君臨する。非価格効果を中心とする巨額の貿易黒字を維持するが，旧来型のガラケーが輸出の主力だった2005年に比べ，貿易黒字は縮小

29

図1-2-1 韓国主要産業の競争力──貿易収支の要因分解（2000〜2016年）──
（百万ドル）

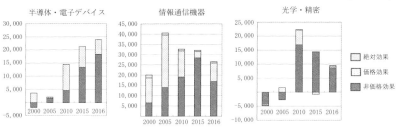

（出所） 表1-1と同じ。

図1-2-2 韓国主要産業の競争力──貿易収支の要因分解（2000〜2016年）──
（百万ドル）

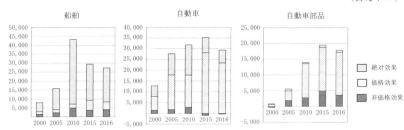

（出所） 表1-1と同じ。

図1-2-3 韓国主要産業の競争力──貿易収支の要因分解（2000〜2016年）──
（百万ドル）

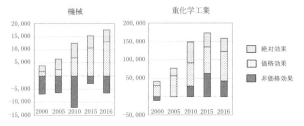

（出所） 表1-1と同じ。

30

傾向にある。サムスン電子はすでにスマートフォンを含む携帯電話生産の主力をベトナムなど6カ所の海外生産拠点に移しており，国内生産比率はすでに1割にまで下がっている。このため，韓国からの輸出は今後あまり増えないものとみられる。このほか，中国勢の追撃と価格下落，2016年のスマートフォン回収騒ぎなど，不安要因は少なくない。

　光学・精密の主力はスマートフォンやテレビなどに部材として使われるフラットパネルだが，現状での貿易黒字幅は大きいものの，ここ数年の推移をみるとやはり縮小傾向にある。LCDパネルの供給過多により価格が下落したことやIT関連製品の輸入代替を目論む中国政府の投資要請をうけ，世界トップの韓国勢（サムスン電子とLG電子）が低価格品を中心にLCDパネルの製造ラインを相次いで閉鎖している。韓国勢は高価品に特化する構えだが，中国・台湾勢の追撃は厳しい。韓国からの輸出についても展望は必ずしも明るくない。

　つぎに，韓国のもうひとつの花形産業ともいえる運送機器についてみてみる（図1-2-2を参照）。ここでは船舶，自動車（本体），自動車部品の3産業を扱うことにする。船舶は直面する苦境をなぞるような結果となっており，自動車関連の2産業についても今後に懸念材料が残る。

　船舶は商品特性の関係上片貿易となりやすく絶対効果が貿易黒字の大半を占める。貿易黒字額は2010年には434億ドルに上ったが，2016年には約4割減となる276億ドルに縮小している。重厚長大型製品の典型で，韓国造船メーカーは低単価を武器に市場シェアを伸ばし，1999年には受注残高で日本を追い越した。その後，タンカーやLPG運搬船など高付加価値船建造での技術力に対する評価が高まり，2000年代半ばには絶頂期を迎えていた。しかし，中国造船メーカーの台頭やリーマンショック後の注文減少で経営が苦しくなり，2008年には受注残1位の座を中国に明けわたした。現在では典型的な構造不況業種の様相を呈している。2016年には国内海運大手の韓進海運が破たんし，受注残高で17年ぶりに日本に追い越されるなど，韓国造船業界が直面する状況は厳しい[8]。

　図1-2-2が示すように自動車は2010年以降年間300億ドル内外の貿易黒字を稼ぐ比較優位産業であるが，その中身をみてみると価格効果による貿易黒

字が多くを占める。これは世界自動車市場における韓国車の位置（欧州，日本，米国勢に次ぐ4番手）を反映したものといえる。自動車は使用する部品の数が多い関係で強い後方連関効果（川下産業での需要増加が川上産業での需要を誘発すること）をもち，雇用効果も大きい。このため通商摩擦が起きやすく，早くから生産拠点の海外移転が行われてきた。現代・起亜自動車の場合，生産全体に占める国内産の比率は39%（338万台）にとどまり，韓国からの輸出拡大の余地は大きくない。技術面でも次世代カーの開発では日独の競争者に比して周回遅れといわれる。また，韓EU FTAの発効後に目立って増えてきたドイツ車の輸入も韓国車メーカーにとっては脅威となっている。

　自動車部品は直近で200億ドル弱の貿易黒字を計上し，自動車本体と並ぶ有力分野である。2000年頃の貿易物量は微々たるものであったが，その後本格化した現代・起亜自動車の海外進出にともなって海外生産拠点向けの輸出が急増し，貿易黒字額も大きく伸びている。今では，自動車本体に匹敵する貿易黒字額を稼ぎ出すに至っている。ただ，貿易黒字の内容をみると自動車と同様に価格効果が多くを占めている。自動車本体のメーカーに比べて国内部品メーカーは価格交渉力が弱く，海外製品と比較して価格が安く抑えられる傾向がある。現代・起亜自動車の生産規模がどうなるかによって今後の自動車部品産業の業況は左右されよう。また，品質が急速に向上している中国製品の脅威も無視できない。

　最後に，韓国が苦手としてきた機械と重化学工業全体についてみてみることにする（図1-2-3を参照）。

　ここで扱う機械産業の製品は電機，情報通信機器，輸送機器を除く広範な製品を含むものであるが，おもなものは産業用機械と部品・部材類である。産業用機械類は開発に時間がかかるすり合わせ型製品の典型例で，国産化が遅れていた。以前から輸入の多かった日本製の機械類は，製品に体化した高度な技術や正確な納期，迅速なトラブル対応を特徴とし，韓国の工業生産を長らく支え続けている。機械類の国産化と輸出品目化は緩慢ながら進展しており，貿易黒字も増勢を示している。しかし，貿易黒字は価格効果が主であり，安価品を中心に健闘しているものの高価品については

依然として輸入に頼る傾向が続いている。

　重化学工業全体でみると，依然として1500億ドルを超える巨額の貿易黒字を稼いでいる。だが，2015年を境に貿易黒字額がピークアウトしているようにもみえ，今後の動きが注目される。2000年当時の輸出入単価比は0.61で，同じ品目で比較しても韓国からの輸出品の方が4割ほど単価が安かった。2016年には輸出入単価比は0.99と価格差はほぼ消失し，交易条件は改善している。だが，貿易黒字の内容を詳しくみると，非価格効果が減少し，これが全体の貿易黒字の減少を導いているようにもみえる。価格効果による貿易黒字は増えており，全体としては韓国の重化学工業製品がむしろ価格競争に巻き込まれつつあることがうかがわれる。

第3節　市場別の輸出入の構成と競争力の推移

　つぎに，韓国の輸出入と貿易収支の市場別の実績と，各市場における競争力の構造について分析してみよう。

1．主要国・地域別の輸出入と貿易収支

　まず，輸出についてみてみよう。図1-3は韓国の主要輸出先を示したものである。過去に比べて中国，ASEAN などの途上国の台頭が目立ち，先進国の重要性は相対的に小さくなっている。

　同図をみてわかるように，中国が4分の1強のシェアを占めてトップとなっている。香港を含めたシェアでは3分の1近くにもなる。韓国貿易の対中シフトは21世紀入り以降続いているが，リーマンショック後の輸出不振の打開策として対中輸出の増加が韓国の輸出総額かさ上げに寄与した経緯がある。現在も中国国内市場の成長は続いており，在中国の韓国系企業からの需要[9]もまた膨大である。輸出先として大きなシェアをもつ中国はいまや韓国経済にとって圧倒的な存在感をもつ。

　かつて輸出市場として重要だった先進国は，長らく低成長が続き輸出先

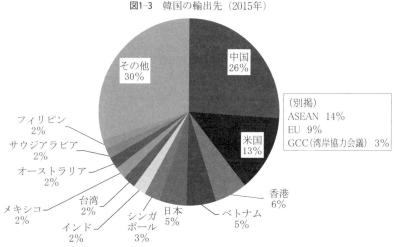

図1-3　韓国の輸出先（2015年）

（出所）　表1-1と同じ。
（注）　通関基準の数値。2015年の輸出総額は5268億ドル。
　　　GCC加盟国はアラブ首長国連邦・バーレーン・クウェート・オマーン・カタール・サウジアラビアの6カ国。

として相対的重要度を落としている。米国，EUとのあいだではFTAが発効しているが，輸出が堅調に推移する中国ほどのインパクトはない。輸出における日本の存在も小さくなる一方である。輸出総額に占める日米欧のシェア合計は27％で，中国単体と同じレベルにとどまっている。

　一方，韓国の輸出におけるASEANの存在は次第に大きくなっている。輸出に占めるシェアは14％に上る。韓国企業においても「チャイナ・プラスワン」，つまり中国一辺倒だった海外進出戦略を改め，中国以外の国にも拠点をおくことでリスク分散を図る動きが出ている。こうした韓国企業のバリューチェーン再構築にともなって注目されているのが東南アジア諸国で，とくにベトナムへの投資が増えている[10]。これにより対ベトナム輸出が大きく増えてそのシェアは5％となり，対日輸出を上回るに至っている。

　つぎに輸入についてみてみよう（図1-4）。上述のように，原油など天然資源や小麦など食料を輸入に頼る点は日本と同様である。主要輸入先にはサウジアラビアやカタールなどの産油国やオーストラリアなどその他諸々の

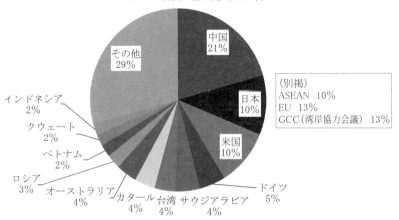

図1-4 韓国の輸入先（2015年）

（出所）表1-1と同じ。
（注）通関基準の数値。2015年の輸入総額は5365億ドル。
GCC加盟国はアラブ首長国連邦・バーレーン・クウェート・オマーン・カタール・サウジアラビアの6カ国。

資源輸出を得意とする国々が並ぶ。ただ韓国の場合，素材，部品，機械など工業生産用の中間投入財，資本財を輸入に頼ることに抵抗感が少ない企業の姿勢や，技術的隘路などから国産化が思うように進展しない事情もあって，これら品目の輸入は今でも多い。そのおもな輸入先は日本およびEU（ドイツなど）などの先進国である。

また，輸出の場合ほどではないにせよ，中国からは輸入も大きく増えている。かつて，一次産品や軽工業製品などの最終製品が対中輸入の中心だったが，近年では，国際調達の多様化が進んで部品，素材などを中心に産業生産での中間投入に使う工業製品の対中輸入が増えている。韓国にとっての中国の存在は輸出入両面で大きなものとなっているといえる。

国・地域別の貿易収支についても簡単に言及しておこう。2015年，韓国は903億ドルもの巨額の貿易黒字を計上した。このうち，最大の貿易黒字を記録したのが中国で469億ドル，次いでASEANの298億ドル，米国の258億ドルが続く。対香港収支を含む広義の対中貿易黒字は758億ドルで，GDPの5.5％にも相当する。

貿易赤字を計上した主要相手先は日本（203億ドル），EU（91億ドル），湾岸諸国（GCC，387億ドル），オーストラリア（56億ドル）などが挙げられる。前2者は工業生産用の中間財，資本財などの輸入が多く，後2者は石油など資源輸入が貿易赤字の原因となっている。

最近の傾向として特徴的なのが，対中貿易黒字の減少，対 ASEAN・対米貿易黒字の増加，対日貿易赤字の減少，対 EU 貿易赤字の増加である。いずれも相手先の競争力の変化，韓国企業のバリューチェーンの変化，FTAなどが変動要因となっている。具体的には，中国企業の競争力強化，韓国企業の国際調達先の多様化にともなう対日輸入の頭打ち，ベトナムなどASEAN 諸国への生産拠点構築の動き，韓米 FTA 発効後の対米輸出増大と，それとは対照的な韓 EU FTA 発効後の自動車を中心とする輸入増加などである。これらの要因については後で再び検討する。

2．韓国の市場別競争力の現状と推移（重化学工業）

前節で示した品目・産業別の競争力分析は，市場別の競争力分析にも応用できる。上で用いたように，市場別の貿易収支と輸出入単価比を組み合わせる手法を適用することで韓国の重化学工業製品の主要市場別競争力についてみていくことにしよう。ここでは，全世界のほか，中国，日本，米国，EU27カ国，AFTA（ASEAN）10カ国の5つの市場を扱うことにする。図1-5は市場別の競争力の構造を図示したものである。以下の分析においては，韓国があまり楽観できない状況にあることが浮き彫りとなる。

対中貿易は輸出入単価比が韓国に有利で，2016年時点で397億ドル（赤字要因相殺済み）の貿易黒字の大半が非価格効果によるものである。貿易黒字額が膨大なことや輸出入単価比が韓国に有利であり続けたことなどから，中国は韓国からみて極めて望ましい貿易相手であるといえよう。ただ，2016年1年間だけで非価格効果による貿易黒字要因が166億ドルもの急減を演じている。この間，価格効果による貿易赤字要因が82億ドル好転しており，貿易収支全体では90億ドルの黒字減少となった。貿易収支の悪化した産業としては，半導体・電子デバイス，電機，光学・精密，情報通信機器など

36

第1章 韓国の輸出主導成長とその変容

図1-5 韓国の主要市場での競争力——重化学工業貿易収支の要因分解——
(百万ドル)

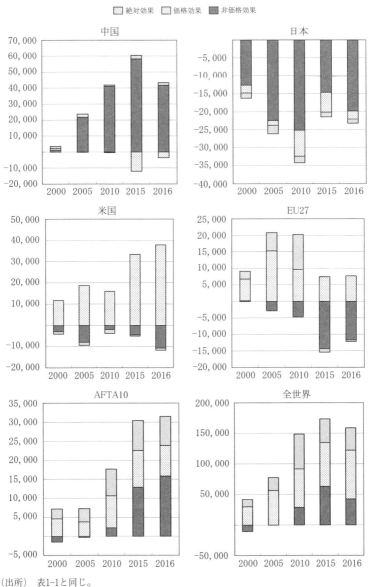

(出所) 表1-1と同じ。

があるが，これらはいずれも韓国の輸出主力産業である。韓国の貿易黒字の基調を支えてきた対中貿易黒字の大幅減少は韓国経済にとって少なからぬ不安要因といわざるを得ない。

　対日貿易では，機械類，部品，素材など産業生産のための中間財を大量に輸入する構造をもつ韓国側での入超が続いている。過去にはしばしば日韓貿易不均衡が政治問題化した。韓国が日本から輸入する中間財は国産化が容易でない高級品が多く，対日貿易赤字は非価格効果によるものが多くを占める。2016年時点での対日貿易赤字は232億ドルで，ピークとなる2010年の342億ドルからはかなりの減少をみせている[11]。

　かつては韓国経済の宿命ともいわれた対日貿易赤字の累増傾向が一転して減少傾向に向かった背景としては，日本国内での工業生産の縮小や韓国での国産化の進展のほか，21世紀に韓国が積極的に推進したFTA，そして企業のバリューチェーン最適化の一環としての国際調達の多様化などが考えられる[12]。企業の国際調達多様化と関連しては，日本からの輸入減少にほぼ見合う分が中国，EU，ASEANに流れた模様である[13]。これらのうち，EU，ASEANについては韓国がこれら地域とのあいだで締結したFTAの影響があったことが推測される。中国については，日本との品質差のため日中製品間の代替はあまり起こらないと考えられてきた。FTA発効にともなってEUと日本が競合関係になると考えられてきたが，現実には中国の方がより競合することが示された。中国製品の品質向上と韓国企業の対中購買の本格化という厳しい現実が日本勢に突き付けられたかたちである。

　対EU貿易収支は2011年に発効した韓EU FTAを契機に地合いが大きく変化し，韓国側の入超が続いている。かつてEU市場は韓国にとって米国，中国と並んでまとまった額の貿易黒字を生み出す場であった。2005年には180億ドルの貿易黒字を稼いでいる。しかし，FTA発効後は石油製品の輸入が増えたほか，乗用車や航空機，精密機器など高付加価値製品の輸入が大幅に増えて非価格効果に起因する赤字が急増している。2015年には重化学工業製品の対EU貿易赤字は79億ドルに達し，翌2016年にも44億ドルとなっている。特筆すべきは，ドイツ車を中心とする高級車の輸入[14]が予想外に増えたことである。2010年からの5年間でEUからの乗用車輸入は59億ドル

38

増加した。

　対米貿易収支は韓国側の貿易黒字が2010年代に入って大きく増えた。2012年3月に韓米FTAが発効し，同FTAが対米貿易黒字の大幅増加に寄与したとの見方もあるが，実際にはFTAの影響は限定的で，FTAによる関税減免の影響を受けない品目での躍進が目立つ。重化学工業製品の対米黒字は2010年の123億ドルから2016年には262億ドルへと大幅に増えた。ただ，その内容をみると価格効果に起因するものが大半を占める従来からのパターンが続いており，米国側単価が高い品目については赤字が出ている（非価格効果による赤字要因）。この間，輸出を最も大きく伸ばした品目は自動車である。2010年からの5年間の増加幅は109億ドルにのぼり，その間の対米貿易黒字増加幅（全品目，200億ドル）の過半を説明する。韓米FTAでは米国市場での韓国製乗用車に対しては，関税免除を協定発効後4年猶予されているため，この輸出急増はFTAの結果ではない。米国市場での自動車販売好調を受けて現代・起亜自動車をはじめとする韓国自動車メーカーがFTAによる免税を待たずに対米輸出を増やした結果がこの輸出急増につながった。韓米FTAの影響で輸出が増えた品目としては自動車部品，一般機械，鉄鋼製品などが挙げられる。とくに，自動車部品は韓国自動車メーカーの在米生産拠点での自動車生産が販売好調を受けて増えており，これにともなって韓国からの自動車部品輸出も増えた。2010年からの5年間での増加幅は21億ドルに上る。

　最後に，対AFTA（ASEAN）貿易収支についてみてみよう。韓国側の貿易黒字が急増しており，ASEANは韓国にとっての最重要市場のひとつに浮上している。古くからASEANは韓国にとっては貿易黒字を稼ぐ主要市場のひとつとして位置づけられてきたが，市場規模が大きくなかったこともあってそれほど重視されていなかった。だが，2010年代に入ってASEAN自体の市場規模拡大や韓国企業の進出増加，AFTAや「ASEAN＋1」といった積極的なFTA戦略などで韓国との関係が急速に緊密化している。とくに，これまでも述べてきたように韓国企業の拠点構築と関連したベトナムとの関係緊密化は，韓国とASEANの経済関係を新しいフェーズへと導いている感がある。2005年時点での重化学工業品の貿易黒字は70億ドルにすぎなかっ

たが，10年後の2015年には304億ドルへと 4 倍以上の伸びをみせた。ASEAN
には多様な発展段階の国々があり，その貿易収支の構造はさながら世界向
け収支の構造と似た様相を呈する。それでも，2015年から2016年にかけての
貿易黒字の構造をみると非価格効果が台頭してきており，対中貿易のそれ
に近づいている。重化学工業製品全体の輸出入単価比も上昇している。2005
年には0.636だった単価比は2016年には1.139となり，韓国側の輸出単価の方
が輸入単価を上回るようになっている。

3．海外統計からみた主要市場における競争の激化

　韓国の輸出がここ数年伸び悩んでいる背景に，中国の台頭や韓国企業の
生産・調達のグローバルレベルでの最適化があることを上ではみてきた。
ここでは海外の輸入統計を用いて世界各地の市場における韓国からの輸入
シェアの動きをみてみることにする。

　ここで用いるのは，国連が発表している貿易統計（Comtrade）であり，各
国・地域における対韓輸入シェアを2005年および2015年について計算し，そ
の変動をみてみることにする。その結果は表1-4にまとめたとおりである。
この表においては，対韓輸入額の多い15カ国・地域を選んで掲げてある。
これらの国・地域の対韓輸入総額は5079億ドルであり，韓国の対世界輸出
5437億ドルの93.4％をカバーしている。ASEAN（7 カ国）および EU（28カ
国）については合算して表示した。

　対韓輸入シェアが上昇した市場について，大まかな傾向を抽出するとす
れば，韓国企業の海外生産拠点（バリューチェーン最適化）の立地と成長市場
攻略が挙げられる。これは，まさに韓国の最近10年における市場攻略の基
本的な考え方であり，韓国の国内統計を使った本章での市場別の観察とも
おおむね合致する。

　対韓輸入額15傑のうち，現地の対韓輸入シェアが 2 ポイント以上と大き
く伸びている市場としては ASEAN，サウジアラビア，オーストラリアがあ
る。ASEAN については上でもみたとおり，韓国企業が「チャイナ・プラス
ワン」の考えのもとに対 ASEAN 投資を本格化するとともに双方のあいだの

40

第1章　韓国の輸出主導成長とその変容

表1-4　世界各地における対韓輸入シェアの変動

		各地での 対韓輸入シェア（%）		シェア変動 （%p）	2015年 対韓輸入額 （100万㌦）
		2005年	2015年		
現地シェア増	ASEAN 7	4.7	7.0	2.3	74,207
	サウジアラビア	3.7	5.9	2.2	9,646
	オーストラリア	3.3	5.4	2.1	10,896
	メキシコ	2.9	3.7	0.8	14,619
	米国	2.6	3.2	0.6	74,046
	トルコ	3.0	3.4	0.4	7,057
	インド	3.1	3.3	0.2	13,088
	カナダ	1.4	1.5	0.1	6,164
	ブラジル	3.2	3.2	0.0	5,421
	シェア増小計				215,143
現地シェア減	その他アジア（台湾）	7.3	5.7	−1.6	13,013
	中国	11.6	10.4	−1.3	174,564
	アラブ首長国連邦	2.2	1.8	−0.4	5,278
	香港	4.4	4.0	−0.4	22,600
	日本	4.7	4.3	−0.4	26,807
	EU28	1.2	1.0	−0.2	50,540
	シェア減小計				292,801
	トップ15小計				507,945
	世界計	2.9	3.4	0.5	543,732

（出所）　国連貿易統計 Comtrade（https://comtrade.un.org/data）所載のデータより筆
　　　　者作成。
（注）　ASEAN は統計が入手できなかったブルネイ，ミャンマー，ラオスを除く 7 カ国。
　　　　「その他アジア」は台湾に比定される。輸入額は CIF 基準の現地統計をもとにして
　　　　おり，韓国の FOB 基準による輸出統計とは一致しない。2015年対韓輸入額小計は
　　　　端数処理の関係で各国数値の合計と一致しない。

貿易も活発となっていて，現地からみても韓国の存在は大きなものとなっていることがうかがわれる。また，ASEAN そのものが成長市場でもある。サウジアラビアとオーストラリアは資源国であるが，資源ブームによる国内市場拡大を経験した成長市場としての側面ももつ。自動車を中心に韓国が輸出を増やした米国では韓国の輸入シェアは0.6ポイント上昇したが，米国は韓国企業の主要な進出先でもある。韓国企業はその周辺国で NAFTA構成国であるカナダ，メキシコにも進出しているが，これら諸国でも対韓輸入シェアは上昇している。このほか，インド，ブラジル，トルコはいずれも典型的な成長市場であり，韓国がこうした有望な市場に照準を定めて攻略していることがうかがわれる。

　逆に対韓輸入シェアが低下した市場もある。EU と東アジア諸国である。これら市場の対韓輸入額は大きく，そこでも対韓輸入シェアの縮小は韓国にとって看過できない問題といえる。

　EU では2015年までの10年間で域内取引シェアが2.3ポイント低下し，59.5％となった。これには欧州財政危機にともなう景気低迷がかかわっているとみられる。EU が域外との貿易を活発化させる一方で，対韓輸入シェアは0.2ポイント低下した。とくに，英国，ドイツ，フランス，イタリアなど西欧の旧 EC 主要国でのシェア低下が響いている。チェコ，ポーランド，スロバキアなど東欧諸国ではむしろシェアが拡大しているが，西欧での劣勢を埋め合わせるものではなかった。EU で輸入シェアを大きく伸ばしているのは中国で，2015年のシェアが8.4％と，10年前に比べ3.0ポイントも上昇した。そのほかに ASEAN，米国，インド，トルコなども輸入シェアが伸びている。概して，韓国よりも後発の国々からの輸入を増やしている印象である。

　また，東アジア諸国も軒並み対韓輸入シェアを下げている。ここから浮かび上がってくるのは，日本など先進国の品質の壁を突き破ることができず，価格面で激しい競争を仕掛けてくる中国など後発国の追撃にも遭って双方から挟撃されるという「サンドイッチ・コリア」[15]の図式である。

　中国市場では現地企業が価格競争力をいっそう強めつつ品質も大きく向上し，韓国企業が苦戦するケースが続出している[16]。また，中国が増産を

図る品目が韓国の主力商品と重複しがちであるという事情も韓国に不利に働いている。中国では資源輸入が増える一方，広範な品目での国産化の進展とともに輸入品に求められるスペックが年を追うごとに上がっている。中国での輸入シェアを伸ばしたのは湾岸の産油諸国やオーストラリアであり，またEU，米国，スイスなどであった。韓国製品は中国市場において価格競争力も非価格競争力も喪失しつつあり，中国の輸入ニーズを満たせなくなっている。このことのゆえに韓国は中国市場でのシェアを落としたのであった。日本，台湾そして香港で韓国勢が苦戦するのも，その本質は中国市場で起きていることと同様である。

　世界市場を見渡すと，個別市場における対韓輸入シェアの動きはさまざまであるが，これをどのように総括すべきか？表1-4には，韓国のシェアが増えた市場での対韓輸入額の総和とシェアが減った市場での対韓輸入額の総和（それぞれ2015年）を掲げている。それらを比べてみると，シェアが増えた市場では2151億ドル，シェアが減った市場では2928億ドルである。世界貿易における韓国のプレゼンスは上昇したものの，それを牽引しているのは少数の市場（ASEAN，米国，メキシコなど）における大きな伸びであり，残りの多くの市場では韓国のプレゼンスはむしろ縮小しているということである。

　韓国の輸出の伸びはすでにピークアウトした。このような思いを禁じ得ない結果である。

おわりに

　21世紀に入り，韓国の貿易は毎年二ケタの高い伸びを示し，輸出の伸びは内需の不振をカバーしてきた。だが，リーマンショック後の世界不況を乗り切ったあとは輸出の伸びは止まり，一方で貿易黒字は1000億ドルをうかがうほどにまで増えた。しかし，貿易指向の強まりのなかで備わった外向的成長構造のため韓国経済は外的ショックの影響を受けやすくなり，最近の世界不況による悪影響から脱し得ないまま現在に至る。

43

中国企業の競争力向上，韓国企業のバリューチェーンのグローバル化，韓米，韓 EU などの FTA といった要因が韓国の貿易をとり巻く最近の変化を主導している。

　企業の国際調達多様化と海外生産拡大にともない，韓国経済の加工貿易的な色彩が強まっている。企業は生産，調達の適地を求めて積極的に国境を越えて活動している。これが調達先の多様化を通じて対日貿易赤字を抑えたが，一方では生産拠点の海外移転にともなう空洞化の問題も深刻化している。

　本章の分析を通じ，主要産業は概して厳しい状況に直面していることがわかった。情報通信機器，精密機器，造船では企業の海外生産の本格化や中国勢の追撃で貿易黒字額が大きく減少している。自動車，自動車部品は合計で約500億ドルの巨額の黒字を稼ぎ出すが，価格効果によるところが大きい。機械では国産化進展や製品高度化の努力が実を結んで輸出産業化したが，その中心は価格効果が利く安価品とみられ，高価品については輸入に頼る従来からのパターンが続いている。重化学工業全体でみると，1500億ドル以上の貿易黒字を稼いでいるが，価格効果による部分が増えており，貿易黒字額もピークアウトしているようにみえる。

　地域別には，ASEAN の重要性が高まっていることが印象的である。韓国企業にも広がってきた「チャイナ・プラスワン」の動きにより貿易投資における中国一辺倒の現状から脱却する機運が出ている。とくに，ベトナムとの関係強化は特筆に値する。最近では ASEAN のほか，米国とのあいだでも貿易黒字が増えており，対日赤字が減少，対 EU 収支が赤字に転じるなどの変化が起きている。海外市場における対韓輸入シェアをみてみると，世界貿易における韓国のプレゼンスは高まっているが，それは少数の市場での健闘が主導するものであって，残りの多くの市場では韓国の輸入シェアが現状維持または縮小傾向にあることが示された。

　本章の分析を締めくくるに当たり，考えるところが3つほどある。第一が輸出のモメンタムを維持すること，そしてそれができる環境を整えることが今後の韓国経済にとって大切であるという点である。リーマンショック以前には輸出の増勢が維持され，国内の設備稼働率の低下も回避されて

いた。曲がりなりにも設備が回っていれば経営者は無用な不安を抱かず，これが景況感の下支えとなっていた。だが，リーマンショック後の世界的な需要減退で輸出増加のモメンタムは維持できなくなった。企業は生存をかけて海外展開に明け暮れるようになった。だが，それは国内の空洞化という不都合な現実をともなうものでもある。輸出は海外生産におき換えられ，国内では設備稼働率の低下や失業の発生が伝えられる。今では潜在成長率の達成もままならず，このままでは低成長の罠にはまりかねないところにまで韓国は追い込まれている。2017年に入って，韓国の輸出は順調に伸びており，1〜5月期には前年同期比16.3％の伸びをみせたほか，国内投資も設備，建設ともに好調をみせている。しかし，最近の輸出増加が韓国経済を低成長の罠から遠ざけてくれるとみるのは早計であろう。2017年に入ってからの輸出増加はその前年における不振をようやくカバーする程度のものであり，国内消費や雇用は冷え込んだままである。

　第二に，近年の韓国の経済政策が分配重視に偏り，輸出振興やサービス産業振興をはじめとする成長政策をないがしろにしてきたことである。成長不在の分配重視は十分な成果が上がらない。通貨危機後の格差拡大で国民統合は危機に瀕している。これが最近における政治・外交の不安定性につながっている。世界経済の成長率が上向かず，成長政策の実行は容易でないが，これまでのような政策手法が手詰まりとなっていることは確かである。高齢化やネット利用の活発化をはじめとする今後の経済・社会の変化をいかにして成長政策のなかに取り込んでいくか，そして手詰まりとなった政策体系に創造的破壊をもたらす為政者の政治的力量がいつにもまして求められている。2017年5月に発足した文在寅（ムンジェイン）政権が選挙期間中に発表した経済政策「Jノミクス」は官主導の雇用増大を強調するものであり，成長や企業活力の活用，輸出振興などの要素に乏しい。今後明らかになる経済政策のなかで経済成長にも配慮した政策方向が打ち出されることが期待される。

　そして第三に，日本側の視点として対日貿易赤字が減少していることをどう考えるかである。「断交論」のたぐいは極端であるにせよ，不活発になっていく日韓間の経済関係は放置しておけばよいとの意見をよくみるように

なった。だが，日本国内に成長源泉を見出すことがますます難しくなっていくなか，200億ドル（2兆円余）以上，GDP対比0.4%程度の貿易黒字を得ている事実をもう一度想起してもよいのではないか。また，韓国経済の特性をよく知った上で上手に売り込むことも一考の価値があろう。付加価値貿易の枠組みによる分析では，日本の対韓輸出品の多くは中間投入財であり，これらは韓国の輸出品に組み込まれて第三国へ販売され，我が国が創出した付加価値を広く届けるという。韓国への中間財輸出は，韓国の優れたグローバル・マーケティング力を日本の中間財産業が活用する側面がある。対韓輸出に中間財が多いということは，裏を返せば日本勢の韓国国内需要へのアプローチが意外に不足していることを意味する。高齢者の増加，健康志向などわれわれが通ってきた道を韓国はこれから通ることになる。まだまだビジネスチャンスはあるのではないか。

〔注〕

(1) 本章における輸出入額はすべて米ドル建てで表すことにした。これは，韓国関税庁が発表する貿易統計の原データが米ドル建てであり，韓国内での貿易関連の報道もほとんどが米ドル建てであることに倣った。試みに輸出入総額の対前年比伸び率を2016年までの直近10年についてウォン建てと米ドル建てで比較したところ，輸入の場合は8カ年，輸出の場合は7カ年で増減の符号が一致した。符号不一致のケースは輸出入総額の増加率の絶対値が小さかった年に限られていた。

(2) 本来，輸入は輸出および内需と連動する傾向が強いが，リーマンショック後に輸入抑制の傾向が強まったことは興味深い。この時期に内需の冷え込みがいっそう厳しくなったことが輸入抑制の一因であるが，リーマンショック後は世界的な不況の長期化にともなって商品市況が安値で推移したことも輸入金額の抑制に寄与したとみられる。

(3) カンファングほか（2016）によれば，2015〜2018年の韓国の潜在成長率は年率3.0〜3.2%と推計される。現実のGDP成長率はおおむねこれを下回っており，デフレギャップが発生していることを示した。

(4) 輸出品生産によって誘発される輸入が多く，国内にとどまる付加価値が少ないという議論は産業連関分析が普及し始めた1970年代から提起されてきたが，1980年代に入って対外債務の累積とその償還が課題になると，輸出にともなう外貨収入の歩留まり（外貨稼得率）を重視する議論が盛んとなった。現在の付加価値貿易の考え方に通ずる概念であるが，当時の議論では外貨の節約に焦点がおかれていた。

(5) 韓国企業の大規模な海外進出の例としては，次のようなものがある。自動車では年産105万台の北京現代（2002年生産開始）をはじめ，現代・起亜グループが12カ所，

年産540万台の生産能力をもつ（同グループの国内生産規模は年産338万台）。『뉴스토마토』[ニューストマト] 2017年1月4日付, 「해외로 해외로, 현대·기아차 61% 해외생산… '국내외 생산격차' 확대. 미국, 해외공장 자국 이전 '리쇼링'전략」[海外へ, 海外へ, 現代・起亜車61%海外生産… '国内外生産格差' 拡大。米国, 海外工場の自国移転'リショアリング'戦略] （http://www.newstomato.com/readNews.aspx?no=721243）を参照。携帯電話では, サムスン電子のベトナムでの生産拠点の例が有名である。注⑽を参照。

⑹ OECD の付加価値貿易（TiVA）統計（https://stats.oecd.org, 2017年1月13日アクセス）による。付加価値貿易統計はバリューチェーンのグローバル化による中間財貿易の多重カウント問題への解法を提供する手法であるが, 膨大なデータ収集と調整を要する国際産業連関分析が必要で, 速報性を欠くことが難点である。

⑺ 基礎となる下位分類は HS 6 ケタである。輸出入差額の 6 分類とその考え方については奥田（2008, 154-156）を参照。輸出入差額の 3 要因への分解のうち, 価格効果, 非価格効果については奥田（2008, 152-154）を参照。

⑻ 『朝鮮日報』2017年1月5日付, 「韓国造船業の受注残, 17年ぶりに日本に逆転許す」（http://www.chosunonline.com/site/data/html_dir/2017/01/05/2017010500578.html）および2017年2月5日付, 「中国造船業, 高付加価値船舶まで侵食」（http://www.chosunonline.com/site/data/html_dir/2017/02/03/2017020301578_2.html）を参照。

⑼ 韓国輸出入銀行の海外直接投資企業に対するサンプル調査では, 2015年に在中国の韓国系企業の対韓輸入は461.4億ドルに上った。一方, 対韓輸出は675.5億ドルで, 韓国企業の在中国生産拠点からのもち帰りが増える趨勢にある。同調査のカバレッジは, 投資案件数基準で12.3%, 投資残額基準で70.6%であった。韓国輸出入銀行（2016, 185）を参照。

⑽ ブイ・ディン・タン（2016）によれば, サムスン電子は25億ドルを投じて携帯電話工場をベトナムに建設, 2009年から生産を開始した。その後携帯電話第2工場を50億ドルを投じて建設したほか, 14億ドルを投じて家電工場も建設した。このほか, 携帯電話電池, 電子部品, ディスプレイを生産するグループ系列の生産拠点も相次いで稼働させている。2014年にはベトナムへの投資企業としては投資額1位となり, 2013年の在ベトナムのサムスングループ製品輸出額は239億ドル, ベトナム総輸出の18%を占めるに至っている。だが, 製品組み立てのための金型や中間財輸入の多さをブイ・ディン・タン（2016）は指摘している。これらの多くは投資母国である韓国から導入されているとみられる。

⑾ ただし, 2015年から2016年にかけての直近の動きをみると対日赤字は微増しており, それまでの数年間にわたる対日貿易赤字縮小の趨勢は一服したようにみえる。この間の大きな変化は日本との重化学工業製品貿易における輸出入単価比が大きく低下, つまり対日輸入単価が相対的に上昇したことである。同単価比は2015年の0.600から2016年には0.509へと近年にない大きな変化をみせた。最近の景気低迷で輸入が減少しているなかで, ほかからの調達が困難な高価格の日本製品の輸入がこれ以上減らせないため, これら高価格製品のシェアが相対的に上昇していることが単価比

47

下落という現象の背景にあるとみられる。『朝鮮日報』2016年10月19日付，「部品の国産化が進む中国，韓国製の輸入減少」（http://www.chosunonline.com/site/data/html_dir/2016/10/19/2016101900630.html）を参照。

⑫　東日本大震災が韓国の日本離れを促進したとの議論があるが，パクギイム・ムンビョンギ（2012）は韓国企業の調達先多様化と対日輸入シェア低下は震災前から進行しており，震災がこうした流れを顕在化させた，と指摘している。

⑬　奥田（2017）によれば，2010年からの5年間で韓国の対日輸入が減少した重化学工業品目だけを抜き出した場合の減少分は173億ドルであった。これら品目の競争各国からの輸入がどのように変化したかをHS4ケタ水準で集計したところ，中国からの輸入が79億ドル増加していたほか，ASEANが41億ドル，EUが31億ドル増加していた。これら3者からの輸入増は合計151億ドルで，対日輸入減少分にほぼ見合うものとなっている。

⑭　韓EU FTAの発効後，ドイツ製乗用車は韓国における新たなステータスシンボルとされて人気が高まっている。韓EU FTAが発効したのは2011年7月であったが，これを挟む2010年と2015年の貿易実績を比較してみると，2015年のドイツからの乗用車輸入は59.4億ドルで，2010年対比3.6倍となった。このほか，ドイツからは化学製品，精密機器の輸入が増えている。

⑮　2007年1月，サムスン電子のイゴンヒ（李健熙）会長が全国経済人連合会の会議のなかで，「中国が韓国を追い上げ，先を行く日本を韓国が追い抜けないという状況で，韓国はサンドイッチ状態にある」と述べた。この後，韓国経済が日中の挟撃に遭って立場を失いかねない状況を指して，しばしば「サンドイッチ・コリア」の語が使われるようになった。

⑯　韓国製品が中国で苦戦するケースとしては，テレビ，自動車，携帯電話の例がよく知られている。最近では中国での部品国産化が進展し，韓国の対中輸出がさらなる苦境に陥る懸念が出ている。『朝鮮日報』2016年10月19日付「部品の国産化が進む中国，韓国製の輸入減」（http://www.chosunonline.com/site/data/html_dir/2016/10/19/2016101900630.html）を参照。

〔参考文献〕

＜日本語文献＞
奥田聡　2008．「韓国製造業の価格競争力と技術競争力──産業競争力の類型別要因分解──」奥田聡・安倍誠編『韓国主要産業の競争力』アジア経済研究所147-182.
───2017．「韓国の対日貿易赤字の縮小傾向とその要因」亜細亜大学アジア研究所編『新段階を迎えた東アジア　4』亜細亜大学アジア研究所 59-77.
ブイ・ディン・タン　2016．「サムスンのベトナム進出とその影響」『佐賀大学経済論集』48(4) 21-38.

＜韓国語文献＞

강환구·김도완·박재현·한진현［カンファング・キムドワン・パクジェヒョン・ハンジヒョン］2016.「우리경제의 성장잠재력 추정 결과」［我が国の成長潜在力推定結果］『조사통계월보』［調査統計月報］69（12）16-36.

박기임·문병기［パクギイム・ムンビョンギ］2012.『일본 대지진 1년 후,한국의 대일 수입 둔화 원인과 전망』［日本大地震 1 年後，韓国の対日輸入鈍化原因と展望］韓国貿易協会国際貿易研究院.

韓国輸出入銀行 2016.『2015 회계연도 해외직접투자 경영분석』［2015会計年度海外直接投資経営分析］.

付表1-A　産業分類とHSコードの対照表

分析対象の産業名称	対応するHSコード
重化学工業	28, 29, 30, 31, 32, 33, 34, 35, 36, 37, 38, 72, 73, 74, 75, 76, 77, 78, 79, 8*, 90, 91, 93
機械	840*, 841*, 842*, 843*, 844*, 845*, 8460, 8461, 8462, 8463, 8464, 8465, 8466, 8467, 8468, 8474, 8475, 8476, 8477, 8478, 8479, 848*
情報通信機器	8469, 8470, 8471, 8472, 8473, 8517, 8518, 8519, 852*, 8530, 8531
半導体・電子デバイス	85, 418, 542
自動車	8701, 8702, 8703, 8704, 8705
自動車部品	8706, 8707, 8708
船舶	89
光学・精密	90, 91

（出所）　筆者作成。

（注）　上記のHSコードにあるアスタリスク（*）はワイルドカードを表し，任意の数字1文字を表す。これにより，上表ではHS2ケタ，および4ケタで各産業を定義する。HSコードは5年ごとに改編されており，最新のコード表はHS2012である。ここで用いる産業分類に関してはコード改編の影響は大きくないと思われ，特段の措置をとらなかった。

50

第2章
IT 産業の環境変化と韓国企業の競争力

吉　岡　英　美

はじめに

　1990年代以来，韓国経済の輸出主導型成長を牽引してきたのは，IT 産業である。2016年現在，韓国の輸出総額に占める IT 関連製品の比率は30％程度に達しており，IT 産業は経済全体に大きな影響を及ぼす位置にある。2010年代に入り韓国の経済成長率が急激に鈍化したが，産業別にみると，この一因は IT 産業の輸出成長率の減速にある。低成長時代を迎えた韓国において，リーディング・セクターである IT 産業の競争力の維持・強化は，経済活力を維持する上で重要な課題である。2017年初めから IT 関連機器の輸出に回復の兆しがみられるようになったが，IT 産業の持続的成長を考えるためには，2010年代の IT 産業における輸出低迷の要因を把握することは不可欠であるといえる。

　この章では，低成長時代における韓国の主要産業の課題について，IT 産業の事例をもとに検討してみたい。具体的には，2010年代に IT 関連製品の輸出が伸び悩んだ要因・背景を探るとともに，IT 産業が直面する課題を明らかにすることとしたい。

　この章の構成は，以下のとおりである。第1節では，基本的な統計資料を手がかりに，IT 産業の低成長を概観する。続く第2節では，2010年代に輸出成長率が失速した要因について，三大輸出品目である携帯端末機，半

導体，ディスプレイに焦点を当てて分析する．第3節では，低成長を克服するためのIT産業の課題について考察し，最後に，本章の議論を取りまとめることとする．

第1節　低成長下のIT産業

　この節では，2000年代以降のIT産業の概況について，統計資料によりながら確認してみよう．

1．生産・輸出の動向

　図2-1は，IT機器の生産と輸出の推移をみたものである．この図から，2000年代には比較的順調に成長していた生産と輸出が，いずれも2010年代に頭打ちになっていることがみてとれる．実際，2001〜2010年の期間には，IT

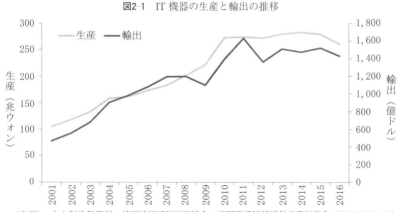

図2-1　IT機器の生産と輸出の推移

（出所）　未來創造科學部・韓國情報通信振興協會・韓國電子情報通信産業振興會（2016, 250-251）および科学技術情報通信部IT STATの資料（http://www.itstat.go.kr/home.it）より筆者作成．
（注）　生産額には，通信機器（有線・無線），放送機器（放送用機器・放送用家電），情報機器（コンピュータ・周辺機器など），電子部品（半導体・平板ディスプレイなど）が含まれる．輸出額には，電子部品，コンピュータおよび周辺機器，通信および放送機器，映像および音響機器が含まれる．

バブルの崩壊や世界金融危機をはさみながらも，生産・輸出ともに年平均10％もの成長率を示したのに対し，2011〜2016年の期間にはそれぞれ−0.7％，1％まで成長率が急落した。

このように2010年代に入ってIT産業の成長が失速したのはなぜだろうか。この原因を探るため，つぎに品目別の輸出動向を分析してみよう[1]。主要品目の輸出の推移をみた図2-2によると，半導体集積回路（IC）は一時期を除いて基本的には増加傾向を維持したのに対し，携帯端末機と液晶ディスプレイ（LCD）は，それぞれ2008年と2011年をピークに横ばい，もしくは緩やかな低下傾向が続いている。このうち携帯端末機の内訳をみると，完成品の輸出が大きく減少しているが，部分品の輸出が完成品を上回るまで増えており，この結果，全体としてはおおむね横ばいで推移していることがわかる。

以上の事実から，2010年代のIT産業全体の失速は，2000年代の成長の牽引役であった携帯端末機とLCDの輸出の鈍化によるものと指摘できる。

2．携帯端末機・LCDの輸出不振

それでは，2000年代末から2010年代初めにかけて携帯端末機とLCDが輸

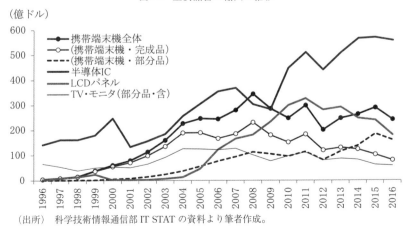

図2-2　主要品目の輸出の推移

（出所）　科学技術情報通信部IT STATの資料より筆者作成。

出不振に陥ったのはなぜだろうか。この手がかりを得るために，世界市場
の動向に照らして検討してみよう。

　まず，表2-1で2000年代と2010年代の世界市場の成長率を比べてみると，
携帯端末機，半導体，LCD のいずれも，2010年代に成長率が低下している。
なかでも携帯端末機と LCD の低下幅は 8 ～ 9 ポイントに達しており，半導
体の 3 ポイントの低下幅に比べて大きい。ここからすると，携帯端末機と
LCD の輸出不振は，世界市場の成長の鈍化が影響していると推測できる。

　つづいて，同じ表で韓国の生産の伸び率をみると，半導体では2010年代
に伸び率が低下したものの，世界市場の成長率を上回る伸び率を示してい
る。半導体の動きとは対照的に，携帯端末機と LCD では，2010年代に生産
の伸び率が大幅に低下し，マイナス成長を記録するに至った。携帯端末機
と LCD の場合，2010年代に世界市場が減速したとはいえプラスの成長率を
維持している点にかんがみると，携帯端末機と LCD の輸出低迷は，世界的
な需要動向の影響だけではなく，韓国に内在する要因も背後にあることが
考えられる。

　この点をふまえて，IT 産業の海外直接投資の推移をみたのが表2-2である。
この表から，2000年代後半以降，携帯端末機分野で直接投資が急増してい
ることがみてとれる。このことが示唆するのは，韓国企業の生産拠点の海
外移転である。さらに，この表から，携帯端末機のみならず，半導体と LCD
においても，同じ時期に直接投資が大幅に増加していることも確認できる。
半導体・LCD のような本来国内での大量生産に適した技術・資本集約財で

表2-1　世界市場の成長率と韓国の生産の伸び率

	2001-2010年の平均値　⇒　2011-2015年の平均値		
	携帯端末機*	半導体 IC	LCD パネル
世界市場の成長率	15% ⇒ 7 %	5 % ⇒ 2 %	11% ⇒ 2 %
韓国の生産の伸び率**	13% ⇒ －20%	13% ⇒ 6 %	26% ⇒ － 3 %

（出所）　電子情報技術産業協会（各年版），IHS（2016b），世界半導体市場統計（WSTS）の資
　　　　料，未来創造科學部・韓國情報通信振興協會・韓國電子情報通信産業振興會（2016,346
　　　　-347），科学技術情報通信部 IT STAT の資料より筆者作成。
（注）1 ）　*2000年代の平均値は，2002-2010年の値である。
　　　2 ）　**携帯端末機は台数，半導体 IC と LCD パネルは生産金額を基準として算出した。

54

も生産拠点の海外移転が起きているとすれば，この要因についても詳細に検討する必要があるだろう。

つぎに，企業の優位性という観点から，世界市場における韓国企業の位置をみてみよう。韓国企業の世界シェアを品目別にみた図2-3によると，韓国企業はメモリを中心とする半導体市場ではシェアを伸ばしたのに対し，携帯端末機市場と大型LCD市場では各々2009年と2011年にピークを迎えた後，2015年までに5ポイント程度シェアを落としている。携帯端末機と大

表2-2　IT産業の対外直接投資の推移

(百万ドル，（件）)

	2001-2005年	2006-2010年	2011-2015年
携帯端末機	20 (11)	172 (81)	137 (169)
半導体IC	0 (1)	38 (49)	602 (88)
LCDパネル	326 (41)	1,038 (291)	2,288 (236)

(出所)　韓国輸出入銀行『海外直接投資統計』より筆者作成。
(注)　金額は投資金額，件数は申告件数である。

図2-3　韓国企業の世界シェア

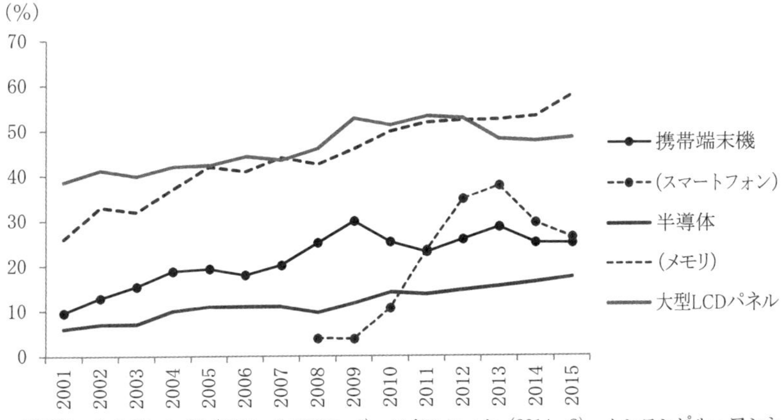

(出所)　キムジョンギ (2014, 2；2015, 2)，ソドンヒョク (2014, 2)，ムンヨンピル・アンシオン・ミンウンジ (2015, 21)，パクチュヤン・ヤンジソン (2012, 212-213)，産業タイムズ社 (2015, 343)，情報通信技術振興センター (2016, 42) などの資料（原資料はガートナー社，ディスプレイ・サーチ社，韓国半導体産業協会）より筆者作成。
(注)　携帯端末機のシェアはスマートフォンを含む値である。

型LCDのいずれも，韓国企業は世界市場でいまだ圧倒的なシェアを保持している が，このようなシェアの漸減は，韓国企業が次第に競合企業に脅かされつつあることの表れであるととらえられる。このことも，2010年代の輸出不振に影響したものと考えられる。

3．産業の新陳代謝の遅れ

ここまでのところは既存の主力製品を俎上に載せて分析したが，長期的な視点からみると，持続的成長は新たな主力製品を獲得し，いわば産業の新陳代謝を図ることによって可能になる。このような観点から，IT産業における主要3品目への集中度を調べたのが表2-3である。この表から，2000～2015年の期間中，携帯端末機，半導体，LCDへの集中度が，生産基準で32％から58％へ，輸出基準では50％から73％へと大きく上昇していることが読みとられる。IT産業ではこれまで一貫して半導体を主軸としながらも，前掲の図2-2にも表れているように，1990年代後半から2000年代半ばには，伸び悩みをみせていたテレビ（TV）・モニタに代わり，携帯端末機とLCDが新たな成長の牽引役として台頭した。こうした産業内の構造変化が2000年代のIT産業全体の成長をもたらしたとすれば，2010年代の失速は，停滞する携帯端末機とLCDに代わる有望な新製品が現れていないことにも一因があるといえよう。

表2-3　IT産業における主要3品目への集中度

(％)

	生産基準			輸出基準		
	2000年	2007年	2015年	2000年	2007年	2015年
3品目への集中度	32	51	58	50	69	73
携帯端末機	11	17	18	10	24	19
半導体IC	15	17	22	40	31	38
LCDパネル	6	17	18	0.5	14	16

（出所）　図2-1と同じ。

第2節　IT 産業を取り巻く環境変化と韓国の対応

　前節では，IT 産業の成長の勢いが2010年代に鈍化するとともに，この直接的な要因が携帯端末機とLCD の輸出不振にあることを確認した。さらに，これらの製品の輸出不振は，世界市場の低迷という外的要因だけではなく，産業立地や企業の競争力といった韓国に内在する問題もかかわっていることを指摘した。

　以上をふまえて，この節では，IT 産業の輸出低迷の要因・背景について，製品別に立ち入って分析してみることとしよう。

1．携帯端末機

⑴　スマートフォン市場の成熟化と後発企業の台頭

　2000年代後半以降の携帯端末機市場における大きな変化は，スマートフォンの本格的な普及である。2007年のアイフォンの登場を機に，携帯端末機市場では一般携帯電話（フィーチャーフォン）からスマートフォンへのシフトが加速した。携帯端末機市場におけるスマートフォンの比率は，2008年の11％から急上昇し，2014年には66％に達した（Gartner 2009；2010；2015）。韓国の携帯端末機産業では，フィーチャーフォンの時代には，サムスン電子，LG 電子，パンテックの3社によって主導されたが（安倍 2006），スマートフォン時代に入ると，サムスン電子が独走するようになった。以下では，サムスン電子のスマートフォン事業を対象に分析を進めてみたい。

　スマートフォン市場においてサムスン電子は当初，ノキア，RIM，アップルなどの後塵を拝していたが，2010年のギャラクシー S シリーズの発売以来，世界市場を席巻するようになった。サムスン電子は，初代ギャラクシー S の出荷からわずか2年後の2012年には，スマートフォン市場の30％を獲得し，携帯端末機市場全体でも世界トップの座についた（Gartner 2013）。

　ところが，サムスン電子が先行企業に追いついた頃から，スマートフォン市場に早くも成熟化の兆しが現れ始めた。実際，世界スマートフォン市場の成長率は，2011年に約70％でピークに達した後，低下の一途をたどっ

ていった（ムンヨンピル・アンシオン・ミンウンジ 2015, 19）。

　このようにスマートフォン市場が本格的な普及から短期間で成熟化した要因のひとつは，技術的な問題にある。すなわち，製品性能の向上により，消費者のニーズという観点からみて，それ以上の性能が求められない飽和状態に達したのである。たとえば，2012年に発表されたギャラクシーS3では，中核部品であるアプリケーション・プロセッサ（AP）のコア（処理を行う頭脳部）数が4コアまで進化したが，これはパーソナル・コンピュータと同水準であり，スマートフォンの情報処理量からすると，4コア以上の技術はとくに必要ないとされた（クォンエラ 2012, 79）。

　スマートフォン市場の急速な成熟化を促したもうひとつの要因は，先進国における普及率の上昇である。先進国におけるスマートフォンの普及率は，2013年頃には約70％になった（キムジョンギ 2014, 2）。こうして2012〜2014年の期間中，先進国の需要増加率は年平均9％にとどまったのに対し，普及率の低い新興国の需要増加率は年平均50％にも達した（キムジョンギ 2015, 6）。なかでも中国は2012年にアメリカを抜いて世界最大のスマートフォン市場に浮上した（クォンエラ 2013, 38）。

　スマートフォンの主戦場となった中国市場は，2011年の「1000元スマートフォン」の登場を機に急成長し始めた（中川 2012, 89；賀川 2015）。これは，中国の三大通信キャリアが，クアルコム製やメディアテック製の低価格プラットフォームを採用した中国製スマートフォンを第3世代（3G）サービス普及の主力機種とし，これに販売促進補助金をつけて発売したものである。この当時のサムスン電子における主力機種の価格帯は3000元台であった（中川 2012, 89）ことからすると，売れ筋の価格帯が大幅に低下したといえる。「1000元スマートフォン」の普及を追い風に，中国スマートフォン市場における中国企業のシェアは，2010年の7.4％から2013年には63.1％まで急上昇した（オジョンスク 2014, 40）。それにともない，世界市場においても中国の三大スマートフォン企業（華為技術，レノボ，小米）が2014年時点で16.5％のシェアを占めるなど（Gartner 2016），この分野での中国企業の存在は無視し得ないものとなった。

(2) サムスン電子の海外生産の展開

　このようなスマートフォン市場の成熟化と後発企業の台頭は，先進国向けのプレミアム機に注力してきたサムスン電子に対して，新興国市場への対応とコスト競争力の強化を迫ることとなった。この課題に対処すべく，サムスン電子はフィーチャーフォンに続いてスマートフォンでも新興国での海外生産を拡大していった[2]。2010年代に入るとサムスン電子における携帯端末機の主要生産拠点は，中国の急激な賃金上昇を背景に，中国からベトナムに移転された[3]。サムスン電子の海外生産を反映し，2010年に16％程度だった韓国製スマートフォンの海外生産比率は，2012年までに80％まで跳ね上がり，2015年には88％に達するようになった（イハヌル 2016）。

　もっとも，スマートフォン分野の競争・収益構造のなかでは，アップルやグーグルなどのオペレーティング・システム（OS）開発者が主導権を握ったことを考慮すると，以上のようなサムスン電子の急速な海外生産は，同社がOSをグーグルに依存し，ハードウェアの面で競争力を見出そうとした（Kang, Chang, and Song 2013, 178）ことの必然的な帰結であったとも把握される。

　スマートフォン本体の開発に傾注したサムスン電子は，国内の系列企業や下請け企業を組織して垂直統合型の生産体制を築いた[4]が，これによりスマートフォン本体の海外生産は韓国系サプライヤーの同伴進出をも促すこととなった。サムスン電子のベトナム事業所の周辺には，2014年3月時点で55社に及ぶ韓国系サプライヤーが集積した（チュデヨン 2015, 79）。ただし，サムスン電子のベトナム事業所の現地調達比率は30〜35％程度であり（ハンジェジン 2014, 68），部材の大半は依然として韓国からの調達に依拠している。さらに，同伴進出した韓国系サプライヤーのなかにも，ベトナムでは入手困難なイメージセンサーやカメラレンズなどのハイスペック部材を中心に，原資財の多くを韓国から輸入している事例がみられる（ムンヒチャン・パクチミン 2014, 138）。

　こうして韓国の携帯端末機分野では，前掲の図2-2で確認したように，2000年代末から完成品の輸出が減少しながらも，完成品の海外生産の拡大にともない，部材の輸出が誘発された。全体としてみると，いわゆる産業の空

洞化は免れたものの，国内生産は総じてもち堪えているといった状況で，大きな成長は困難であったといえる。

２．半導体・ディスプレイ

⑴　中国への一貫生産拠点の移転
①　産業構造の高度化を迫られた中国政府の対応

　携帯端末機のような最終消費財の組立生産の海外移転は，経済成長や産業発展の過程で生じる不可避の現象であると考えられる。ところが，韓国では1990年代後半以降，技術・資本集約的な半導体・LCD の一貫生産さえも海外で行われるようになった。1997年にサムスン電子が米国テキサス州のオースティン工場で DRAM の一貫生産に着手したのを皮切りに，2006年にはハイニックス半導体（現・SK ハイニックス）が中国の無錫工場で DRAM の一貫生産を開始し，2013〜2014年にはサムスン・ディスプレイと LG ディスプレイが各々中国の蘇州市と広州市で最新世代の大型 LCD 工場を立ち上げた。同じく2014年には，サムスン電子が中国の西安市で３次元構造の NAND フラッシュメモリの一貫生産を始めた。

　そもそも半導体・LCD のような資本集約財は，生産コストに占める人件費の割合が低く，国内での大量生産が合理的であると考えられる。それにもかかわらず，なぜ半導体・LCD において海外での一貫生産が進展したのだろうか。とりわけ2010年代に相次いで中国に一貫生産拠点が設立された背景には，前述したサムスン電子の拠点再編に対する中国政府の政策的対応がある。

　中国では，IT 機器の輸出が高度経済成長を牽引してきたが，なかでも携帯端末機は最大の輸出品目になるほど中国経済において大きなウエイトを占めている。それゆえ，携帯端末機の生産拠点を中国からベトナムに移転するという2000年代後半のサムスン電子の計画は，中国にとって IT 機器の加工貿易を通じた成長方式が限界に達したことを意味するものであった。中国では，いわゆる「中所得国の罠」（Gill et al. 2007）に陥ることなく安定成長を達成するためにも，産業構造の高度化が不可避になった（加藤 2016,

3-5)。この一環として，中国政府はIT関連部品の輸入代替に取り組むとともに，ベトナムへの生産移転を計画するサムスン電子に対して，ハイテク部品の生産で代替するよう強く要請したという（インタビュー2016）。

さらに，中国政府は2009年に「電子情報産業振興計画」，2010年には「戦略的新興産業の育成と発展の加速に関する決定」を発表し，半導体・LCDを含む次世代情報技術産業を重点的に支援する方針を打ち出した（チョンドンヨン 2009, 7-8；真家2014, 2-3）。なかでも2009年から重点支援の対象になったLCDの場合，2015年までに国産化率を数量基準で80％まで高めることを目標に，大型パネルの関税率が3％から5％に引き上げられる一方，製造企業に対する法人税の減免や金融機関の貸出支援など，産業振興のためのさまざまな支援策が講じられた（ソドンヒョク 2014, 4；ムンヨンピル・アンシオン・ミンウンジ 2015, 12）。

②　韓国企業と韓国政府の対応

これに対して韓国企業は，2000年の「ニンニク波動」[5]のときのような中国政府による輸入制限措置を懸念するとともに，販売先としての中国市場の重要性にかんがみると，中国政府の要請に対応せざるを得ない状況であった（インタビュー2016）。まず，LCD分野でサムスン・ディスプレイとLGディスプレイが，つづいて半導体メモリ分野でサムスン電子がそれぞれ中国での現地生産を決定した。これらの企業は当初，半ば政治的な理由から中国での一貫生産に着手したが，中国における工場用地の提供や税制支援により，韓国国内で投資・生産するよりもコスト削減につながることが明らかになると，現地生産を積極的に推し進めるようになった[6]。

翻って韓国国内では，半導体・LCD企業の中国投資は，大きな衝撃をもって受けとめられた。この案件が韓国政府に申請された当時，この審議の場となった「産業技術保護委員会」（委員長は国務総理）では，これらの技術は「産業技術流出防止法」の対象となる「国家核心技術」に指定されていることから，1年ものあいだこの案件を承認しなかった（インタビュー2016）。しかしながら，政府は最終的には，企業の中国進出の必要性などを総合的に判断し，2009年末にLCD，2012年初めにはNANDフラッシュメモリでも中国投資を承認した[7]（『電子振興』―韓国語―2010年1月号，47；知識経済部

61

2012)。

　LCD の場合，2015〜2016年初め時点の生産能力を基準にすると，サムスン・ディスプレイでは約９％，LG ディスプレイでは約10％を中国工場が担うようになったものとみられる[8]。半導体の場合には，2015年末時点で，SK ハイニックスにおける DRAM の50％程度，サムスン電子における NAND フラッシュメモリの30％以上が各々中国工場で生産されたものとされる（ファンミンギュ 2015)。

　周知のとおり，サムスンや LG といった財閥系企業は，1960年代以降，韓国政府の経済開発政策の担い手に位置づけられ，主導的産業で規模の経済を追求しながら急速に企業規模を拡大してきた。こうして巨大化した韓国の大企業は，2000年代以降，大市場に基礎づけられた中国の産業政策に組み込まれ，韓国政府でさえも影響力をほとんど行使し得ない存在になったことがうかがえる。その意味で，大企業の輸出という韓国経済の成長の牽引車は，いまや成長の制約要因にもなりつつあるといえる。

⑵　後発企業の追い上げ

　2010年代にはスマートフォンだけではなく LCD 分野でも中国企業の台頭が顕著になった。LCD の世界市場において2005年には1.5％にすぎなかった中国企業のシェアは，2015年に15.5％まで高まり（カンメンス 2016, 1)，すでに韓国企業を脅かすようにもなっている。

　LCD 分野で中国企業がかくも短期間で急成長できたのはなぜだろうか。なかでも中国企業の技術習熟の加速化と関連して注目すべきは，複数の経路を通じて韓国からの技術移転が起きていることである。具体的には，韓国国内の LCD 事業の停滞も相まって，中国最大手の京東方科技集団（BOE)には現在150人程度の韓国人エンジニアが採用されているという（インタビュー2016)。また，韓国では2000年代以降，サムスンや LG との協力関係を通じて技術能力のある製造装置企業が輩出されるようになった[9]が（イチャンヒ2015, 270；Yoshioka 2016)，韓国の製造装置企業は中国の LCD 企業との取引に際して，顧客からの要請により，当該製造装置と関連する工程技術の情報まで提供しているという（ファンギウン2015, 237)。

62

韓国の製造装置企業のほとんどは，販路の大半をサムスンないし LG に依存する中小企業である。サムスンや LG では，規模の経済を発揮するべく大規模投資が行われるため，韓国の製造装置企業はこれらとの取引だけでもある程度の販売量を確保することができる。ただし，他方で，特定顧客の設備投資計画に自社の生産量が大きく左右されるという問題も抱えており，韓国の製造装置企業にとって中国企業への販路拡大は，安定的な生産量を確保するための機会となっている。

このような先行企業で経験を積んだエンジニアの採用や製造装置の取引を通じた技術・ノウハウの獲得は，1990年代の半導体・LCD 市場で後発の韓国企業が日本企業を追い上げた際にも観察された現象である（吉岡 2003；2010）。かつての日本と韓国とのあいだで起こったことが，現在は韓国と中国とのあいだで繰り返されているのである。

こうして中国企業の技術習熟が急速に進んだ結果，LCD 業界・学界関係者のあいだでは，いまや韓国企業と中国企業との技術格差はほとんどないものと認識されている（イチャンヒ 2015, 264；ファンギウン 2015, 233；産業タイムズ社 2016b, 39；インタビュー2017）。しかも，中国の LCD 企業は地方政府によるさまざまなかたちの資金支援[10]をもとに，採算を度外視して大規模投資を実施できたため，韓国製品に比べてコスト競争力もあるという（産業タイムズ社2016b, 46）。

中国企業の生産量の急増に，リーマン・ショック後の世界的な TV 需要の低迷が重なり，LCD 市場では2011年以降，供給過剰が続いている（IHS 2016a）。このような後発企業の追い上げと世界市場の停滞は，韓国における LCD の輸出不振に拍車をかけることとなった。

こうしたなかで韓国企業は，次世代ディスプレイとして有力視されている有機エレクトロルミネッセンス・ディスプレイ（OLED）や量子ドット型ディスプレイ（QLED）への事業転換を進めていった。2000年代末に OLED の製品開発と量産化で先駆けたサムスン・ディスプレイと LG ディスプレイは，世界市場で97％ものシェアを占めて圧倒的な優位に立っているが（カンメンス 2016, 17），これまでのところ，OLED や QLED は成長の推進力になるまでには至っていない。これはおもに，LCD に比べてこれらの価格が高

く，大型 TV での採用が遅々として進んでいないことに起因する。このように次世代ディスプレイの市場性が不透明であるにもかかわらず，LCD の競争激化にともなう採算の悪化（パクチュヒョン 2016）から，韓国企業は事業転換を急かされたとみることができる。

　以上でみたように，2010年代に IT 産業の成長の牽引役となったスマートフォンは，先進国市場の急速な成熟化と後発企業の台頭により，国内の生産拡大を十分に享受することなく，早急な海外生産移転を余儀なくされた。それとともに，中国の産業政策に包摂された韓国の大企業は，技術・資本集約財である半導体・LCD の一貫生産拠点さえも海外に移転せざるを得なくなった。さらに，LCD 分野では，産業政策に後押しされた中国企業の過剰生産が世界市場の低迷を招き，ひいては韓国国内の生産縮小を迫ることとなった。こうして2010年代に携帯端末機と LCD の輸出向け生産が伸び悩み，ひいては IT 産業全体の低成長につながったのである。

第3節　IT 産業の競争力の維持に向けた課題

　前節で詳述した IT 産業の低成長は，端的にいえば，主導的企業が巨大化したことによる副作用が顕在化したものととらえられる。半導体・LCD という「国家核心技術」であっても海外生産移転を免れなくなった韓国では，IT 産業の高度化を図り，新たな成長の牽引車を見出すことが，持続的成長のための必須の条件となっている。この節では，IT 産業において，どのように高度化が展開しており，その過程でどのような課題に直面しているかという点について考察してみたい。

1．高度化への取り組み

⑴　IT 機器

　現在，IT 機器の技術革新は，モノのインターネット（IoT）やスマート化などと呼ばれるように，IT 産業の枠を超えて，家電，自動車，医療・健康

器具など,既存のモノにセンサーや通信機能を付加し,これらを相互に連結させるとともに,大量に収集・共有されたさまざまなデータをもとに,モノの知能化・自律化を図る方向で展開しつつある。

そこでの付加価値の創出は,モノの製造そのものよりも,プラットフォーム技術の開発・確保,あるいはモノを使ったサービスの提供が中心になるとみられる。このことを物語っているのが,こうした動きの嚆矢とも位置づけられるスマートフォン事業である。図2-4に表れているように,端末機の生産が中心のサムスン電子よりも,OSなどプラットフォームの開発に特化したアップルのほうが,はるかに高い利益を上げている。そのうえ,サムスン電子の場合には,海外生産移転を進めてきたにもかかわらず,利益が低迷していることもみてとれる。

IoT時代に向けてサムスン電子は,自社のスマート家電のOSとして,もともとスマートフォン向けにインテルと共同開発したタイゼン(Tizen)を活用するとともに(ハジェホン 2016),2015年にはIoT向けチップセットのアーティック(Artik)を開発した(キムジョングン・パクジニン 2016, 4)。さらに必要な中核技術と市場を確保するため,サムスン電子は2014年にスマートホーム向けプラットフォームを開発する米国のスマート・シングス

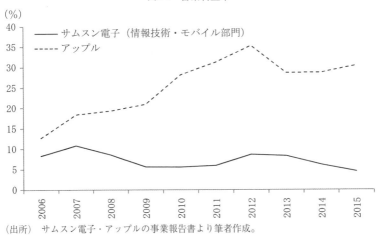

図2-4 営業利益率

(出所) サムスン電子・アップルの事業報告書より筆者作成。

（Smart Things）社を買収し，2016年には人工知能システムのプラットフォームを開発した米国のヴィブ・ラボ（VIV Labs）社の買収と，人工知能チップを開発する英国のグラフコア（Graphcore）社への出資に続き，コネクテッドカー技術を手がける米国の自動車電装品企業のハーマン（Harman）社の買収を相次いで発表した。とくに世界の主要な自動車企業と取引があるハーマンの買収は，サムスン電子にとって，半導体・ディスプレイの応用製品として有望視されるスマートカー市場に参入するための足がかりになるともみられる[11]。

LG電子もまた，自社のプラットフォームであるスマートシンキュ（SmartThinQ）を中心に，スマート家電やスマートホーム事業に乗り出している（キムビョンジュ 2016）。

さらに，IoT時代には，モノとモノを連結する通信ネットワークが必須になり，これを提供する通信事業者が重要な役割を担う。この分野では，韓国の代表的な通信事業者であるSKテレコム，KT，LGユープラスが，すでにいくつかのプラットフォームを商用化し，スマートホーム分野で先駆的な役割を果たしている（キムビョンジュ 2016）。

以上のように，IoT時代の本格的な到来に備えて，韓国企業はプラットフォーム技術を自社に取り込み，垂直統合型の事業形態の強みを生かしながら，成長の機会をつかもうとしている。

⑵　半導体・ディスプレイ

IoT時代には，半導体メモリやOLEDの需要拡大が予測されており，この分野で競争力のある韓国企業には追い風となるだろう。ただし，これらの分野でも，中国企業の参入が相次いでいる。メモリ分野では，中国政府のIC産業投資ファンドが出資するメモリ生産基地プロジェクトのもと，NANDフラッシュメモリとDRAMの量産が構想されている。このプロジェクトの担い手となった武漢新芯集成電路製造（XMC）は，米国のスパンション（現サイプレス・セミコンダクタ）の技術移転により2015年に45nmプロセスに対応した9層の3次元NANDフラッシュメモリの試作に成功したとされる（産業タイムズ社2016a，374）[12]。OLED分野でも，BOE，華星光電科技

66

（CSOT），天馬微電子などがすでに量産工場の立ち上げを準備しているという（産業タイムズ社2016b，44-45）。

メモリの場合，サムスン電子が2015年時点で10nm台のプロセスを適用した36層・48層の3次元NANDフラッシュメモリを開発・量産していたことをふまえると，韓中間には依然として大きな技術格差があると判断できる。また，メモリとOLEDはLCDよりも技術的な難易度が高いため，これらの分野で中国企業が短期間で量産技術・ノウハウを獲得し韓国企業に追いつく可能性は低いともみられている。

とはいえ，これらの分野は中国の産業政策において重点育成分野に位置づけられるとともに，LCDと同じくメモリ・OLED分野でも，すでに韓国人エンジニアのスカウトや製造装置の取引を通じて中国企業への技術移転が進行しつつある[13]（インタビュー2016；2017）点には，留意すべきである。たとえば，大型パネルの量産化に向けた技術開発が進行しているOLED分野では，ディスプレイ企業との共同開発に取り組む材料・製造装置企業にとって，先頭を走るサムスンやLGだけではなく，後発の中国企業も共同開発や取引の相手先として重視しなければならない状況にあるという（インタビュー2017）。この理由のひとつは，サムスンやLGの場合，後発のディスプレイ企業への技術流出を防ぐ目的のもと，量産現場でノウハウを必要とする材料・製造装置を開発しようとして，共同開発を行う材料・製造装置企業に対しても，技術情報を秘匿しようとするからである。後発企業の台頭を阻止するための韓国企業の対策が，結果的に後発企業の追い上げを促すというジレンマがここにみてとれる。このようなかたちで中国企業への技術移転が進みつつあることをふまえると，長期的にはメモリ・OLED分野でも競争の激化や韓国企業の海外生産の拡大が予測される。

そうだとすれば，製品・技術開発の加速化を通じてメモリ・OLEDの優位を維持・強化するのはもちろんのこと，国内に生産・雇用を生み出す新たな成長分野と担い手を開拓・発掘し，大企業を中心とする成長戦略の限界を乗り越えることが，IT産業において喫緊の課題であるといえる。

２．企業間格差問題の影響

2000年代には世界市場で競争力を高めた大企業がいっそう巨大化する一方，国内では大企業と中小企業との経済的格差がますます広がることとなった。これに対して韓国政府は，「相生協力」（盧武鉉政権），「同伴成長」（李明博政権），「経済民主化」（朴槿恵政権）などのスローガンを掲げ，企業間格差の是正に取り組んできたが，目下のところ，顕著な成果は上がっていない。この企業間格差の問題は，IT 産業においては，半導体・ディスプレイの競争力を維持・強化する上で隘路となっており，さらには新しい成長分野・担い手を育成する際の克服すべき課題ともなっている。

⑴　半導体・ディスプレイ

まず，2000年代末頃から，企業間格差問題などを理由に，半導体・ディスプレイ分野に対する政府の研究開発支援が大幅に縮小している（キムヒョンジュン 2015, 260；イチャンヒ 2015, 273–274）。このことが，将来の企業競争力にも影響を及ぼすと懸念される。この分野の政府支援が削減されたのは，政府が半導体・ディスプレイ分野の研究開発支援の予算案を提出したとしても，国会において，それは巨額の利益を上げている大企業を支援するものとみなされ，予算額が削減される事態が続いているからである（インタビュー2016）。この結果，産学官の共同研究の減少により研究資金の獲得が困難になった大学では，半導体・ディスプレイ分野に優秀な人材が集まらないばかりか，若手研究者の他分野への転向さえ生じているという（パクヨンジュン 2015, 197；イチャンヒ 2015, 274）。このことは，半導体・ディスプレイ分野の基礎研究の停滞や人材養成の先細りを招き，ひいては長期的な企業競争力の低下にもつながりかねない。

⑵　ソフトウェア・システム半導体

また，大企業と中小企業との格差の構造が，新たな成長分野の創出・育成を阻んでいる面もある。IT 技術が多種多様なモノと融合する IoT 時代には，プラットフォーム関連の技術開発が産業発展の鍵を握ることは，前項

で述べたとおりである。こうした潮流のなかで，需要の拡大が見込まれているのが，モノを制御・連結するためのソフトウェアとシステム半導体である。これらの分野は大規模な設備投資が必要なく，その意味で，中小企業に参入と成長の機会を開くことが期待される。しかしながら，韓国の場合，大企業が手がける一部の製品を除いて，ソフトウェア分野とともに，システム半導体の設計・開発を行うファブレス分野の競争力が弱いという問題がある[14]。

　この大きな要因のひとつは，この分野に参入している企業が総じて零細企業であるという点にある（パクソンチョン・チュユサン・チョハンジン 2013, 104；チウンヒ 2013, 70)。ソフトウェア・ファブレス企業の零細性には，IT機器部門の大企業を頂点とする垂直的な産業組織が密接にかかわっている。韓国の大企業は，TVや携帯端末機など大量生産が可能な少数の品目に特化してきたが，それゆえ，サプライヤーであるソフトウェア・ファブレス企業のあいだでは，限られた市場をめぐって激しい受注競争が繰り広げられてきた。それに加えて，韓国ではこれまで，ソフトウェアはハードウェアを支援するための部品のひとつにすぎないという認識もあり（チャサンギュン 2015, 284)，ソフトウェア・ファブレス企業の納品価格が低く抑えられてきた（イムチェドクほか 2013, 16)。このような低収益で資金不足が恒常化しているソフトウェア・ファブレス企業では，最新の設計ツールなど新技術の導入が困難であり，結局のところ，新しいニーズに対応できずに淘汰されるという悪循環に陥っている（パクソンチョン・チュユサン・チョハンジン 2013, 105)。そのうえ，中小企業は大企業に比べて待遇が低いために離職率が高く，開発の担い手となる人材も不足している（イムチェドクほか 2013, 17-18；イミヘ 2016, 15)。このことも，韓国のソフトウェア・ファブレス企業が新たなニーズにいち早く対応できない要因になっている。

　韓国政府は長らく，ソフトウェア・ファブレス分野の中小企業に対して政策的支援を行ってきたが，ソフトウェア産業の振興策に携わった関係者によると，支援を実施しようとしても，補助金を支給するに値する企業をみつけること自体が難しかったという（チャサンギュン 2015, 281)。この点から，ソフトウェア・ファブレス分野では，担い手となる企業が零細であ

るがゆえに，政府の支援策すらうまく機能しない状況にあることがうかがえる。

(3) 半導体・ディスプレイ向け部材・製造装置

　新たな成長分野・担い手の育成という面では，大企業の海外生産にともなう空洞化を回避するべく，半導体・ディスプレイ向け部材・製造装置企業の成長を促し，日本のような中間財・資本財の供給拠点化をめざす方策も考えられる。だが，序章でも指摘されるように，韓国の「圧縮型発展」の過程では，汎用品に特化した大企業が生産活動を開始するにあたって，中間財・資本財など基本的な発展基盤を海外に依拠したため，中小企業を担い手とする国内の部材・製造装置部門の発展が立ち遅れた。半導体・ディスプレイ分野では，2000年代半ば以降，部材・製造装置部門が急速に形成されてきたことは確かであるが，現時点では技術的・資金的な参入障壁が相対的に低い部品，およびローエンド・ミドルエンドの製造装置が中心となっており（吉岡 2014），この分野で国際競争力のある韓国企業はLG化学などの一部の大企業に限られる。しかも，相当数の部品・製造装置企業が大企業の中国進出にも促されてすでに現地生産を開始しており[15]，部材・製造装置部門でも高度化の必要に迫られている。しかしながら，材料分野やハイエンドの製造装置分野は，技術開発やノウハウの蓄積に時間とコストがかかり，先行する日本・欧米の寡占企業との競争に阻まれることも予想されるため，短期間での育成・成長は極めて難しいといわざるを得ない。

　いずれにしても，韓国のIT産業は，大企業の輸出に過度に依存した「圧縮型発展」のゆがみの修正という，これまで解決し得なかった難題に本格的に取り組まなければならない局面に差し掛かっているのである。

おわりに

　この章では，IT産業が2010年代に低成長に陥った要因・背景を明らかにするとともに，克服すべき課題について考察した。

IT 産業の低成長は，韓国企業が技術革新と技術的な深化を図る時間的な余裕もなく，後発企業の急速な追い上げに直面している事態を反映したものと理解される。IT 産業において，この構造的な問題に対処し持続的成長を実現するには，時代の変化に適応しながら高度化を加速すると同時に，もっぱら大企業の輸出に頼る成長戦略からの脱却が不可欠である。だが，それには「圧縮型発展」の過程で生み出された企業間格差という構造的問題を乗り越えなければならず，短期間で解決できることではない。

このような主導的産業の停滞と国内における分配の不平等化は，韓国だけではなく，東アジアの中所得国も一様に陥っている問題である。その意味で，2010年代の韓国の低成長は，「後進性の優位」を利用した後発国の経済発展過程で必然的に生じる不可避の局面であるとも位置づけられる（原2017）。

この古くて新しい問題をどのように克服するか。この成否は，韓国の IT 産業にとって，2010年代の低成長局面が構造転換期の踊り場となるか，あるいは長期停滞の序幕となるかを決める試金石になるように思われる。

〔注〕
(1) ここで輸出データを用いるのは，製品別の一貫したデータが入手できるためである。生産と輸出は同じような推移をたどっていることから，大まかな推移を確かめる上で，どちらの資料を用いても大きな違いはないと判断した。
(2) サムスン電子の場合，フィーチャーフォン分野では事業開始当初からプレミアム機に注力していたが，世界市場の成長鈍化が顕著になった2007年以降，ノキアの戦略に追随して，新興国市場への中低価格機の供給拡大に踏み切った（キムギジョン2008, 12）。サムスン電子は2007年に中国の広東省恵州市，2009年にはベトナム北部のバクニン省にそれぞれ組立工場を新設し，携帯電話の海外生産に取り組んだ。この結果，韓国企業の携帯電話の海外生産比率は，2006年の35％から2010年には63％まで上昇した（クォンエラ 2012, 81）。
(3) サムスン電子は2014年からベトナム北部のタイグエン省でも携帯端末機の組立生産を開始した。新たな生産拠点としてベトナムが選好されたおもな理由は，低い人件費とともに，ベトナム政府の手厚い支援があったからである。サムスン電子の場合，50年間の法人税の優遇措置，関税および付加価値税の恒久的な免税とともに，土地の無償貸与や低廉な電気・水道料金などの面でも恩恵を受けることができた（ムンヒチャン・パクチミン 2014, 135-136）。こうした費用節減・節税効果は，少なくとも年間7000億ウォンから9000億ウォンに上るものとみられる（ハンジェジン

2014, 69；『プラスチックサイエンス』─韓国語─2015年 5 月号, 75）。また, 1000
人規模の工具を採用する場合, 韓国国内の事業所では 1 年近くを要するが, ベトナ
ムでは政府の支援により 1 カ月以内で可能であるという（ハンジェジン 2014, 68-
69）。

⑷　サムスン電子の場合, 携帯端末機向け部材の80％以上を韓国系サプライヤーから
調達している（クォンエラ 2012, 83）。

⑸　「ニンニク波動」とは, 2000年に韓国政府が中国産ニンニクの関税率を10倍以上引
き上げた直後, この報復措置として中国政府が韓国製の携帯電話とポリエチレンの
輸入を全面的に中断した韓中間の通商摩擦を指す。

⑹　なお, 2000年代半ばのハイニックス半導体の中国進出は, 同社の経営危機が背景
にある。2000年代前半に経営危機に陥ったハイニックスは, 設備投資資金の負担軽
減をおもな目的に, 中国での現地生産を開始した。実際, 中国政府の資金支援によ
り, 20億ドルの中国工場の建設費用のうち, ハイニックスの負担分は 5 億ドルにす
ぎなかった（チョンドンヨン 2009, 11）。また, 2001～2005年までハイニックスは
債権金融機関の共同管理下におかれていたが（吉岡 2008）, 米国, 日本, 欧州では,
この期間の政府系金融機関からの資金援助が不当な補助金に当たるとみなされ, ハ
イニックス製 DRAM に対して相殺関税が発動された。この相殺関税を回避するため
に原産地を中国に変更することも, ハイニックスが中国に進出した要因のひとつと
される（チョンドンヨン 2009, 11）。

⑺　このとき, 政府は企業に対して, 国内経済への負の影響を回避するための対策を
とるよう要請した。この対策には, 国内投資を拡大する, 中国工場で使用する製造
装置のうち韓国製の比率を現在の水準以上に維持する, 国内の人材育成を戦略的に
推進する, といった事項が含まれた（知識経済部 2012）。ただし, これらの対策は
法的拘束力をもつものではない。

⑻　サムスン・ディスプレイの数値は産業タイムズ社（2016b, 89）, LG ディスプレイ
の数値は LG Display（2016, 40）に記載された各工場の生産能力に関するデータを
もとに算出した。生産能力は, 生産品目のガラス面積を第 8 世代（2200×2500mm）
に換算した月産生産枚数を基準とした。

⑼　2015年に LG ディスプレイで購入された製造装置の72.9％が, 韓国系サプライヤー
から調達されたものである（LG Display 2016, 40）。

⑽　たとえば BOE の第 8 世代および第10.5世代の LCD 工場の建設に際して, 中国の
地方政府が出資, 補助金, 無利子貸付などの資金支援を行ったため, 設備投資総額
のうち企業の負担分はわずか10～20％にすぎなかった（ソドンヒョク 2014, 4 ；ム
ンヨンピル・アンシオン・ミンウンジ 2015, 14）。

⑾　サムスン電子は2009年に現代自動車と車載用半導体の共同開発を行ったことがあ
るが, 結局, 事業化には至らなかった。この理由は, 製品開発には成功したものの,
現代自動車がこの製品を採用しなかったためである。現代自動車の側からすると,
自動車の製造原価に占めるウエイトの小さい半導体部品で, 安全性のリスクを冒し
てまで部品の調達源を変更する必要性に乏しかった（インタビュー2016）。このよう

72

に車載用半導体の場合，販路面での参入障壁をいかに克服するかが重要な課題となる。

⑿ 中国では2014年に工業・情報化部が「国家集成電路産業発展推進綱要」により半導体産業の長期的な発展計画を提示するとともに，1200億元規模とされる投資ファンドを発足し，国内企業の技術レベルの向上や半導体の輸入代替に本格的に取り組み始めた（産業タイムズ社 2015, 370-371）。この投資ファンドにより，2016年3月には武漢市がメモリ生産基地プロジェクトを立ち上げた。同年7月には中国の半導体大手の清華紫光集団（Tsinghua Uni Group）がこのプロジェクトに加わり，事業主体である長江存儲科技を設立するとともに，XMCを傘下に収めた。

⒀ OLED分野では，韓国人エンジニアだけではなく，開発に取り組みながら量産化で出遅れた日本企業のエンジニアも中国企業に移っているという（インタビュー2017）。

⒁ たとえば，半導体の場合，2015年の世界市場における韓国企業のシェアは，システム半導体で4.3%，ファブレスで1.7%にすぎず，メモリに比べて圧倒的に低い水準にある（アンギヒョン・ソンジュニ・ムンヨンピル 2016, 13, 52）。

⒂ たとえば，中国の西安市に立地するサムスン電子のNANDフラッシュメモリ事業所の周辺には，2015年時点で88社の協力企業が集積している（ユンテグ 2015）。

〔参考文献〕

＜日本語文献＞

安倍誠 2006.「韓国携帯電話端末産業の成長──電子産業との連続性と非連続性から──」今井健一・川上桃子編『東アジアのIT機器産業──分業・競争・棲み分けのダイナミクス──』アジア経済研究所 17-53.

賀川勝 2015.「急成長を遂げる中国・インドの新興メーカーの展望と課題──2015年の主戦場は100ドル以下の超低価格スマートフォン──」『日本情報経営学会誌』35(4) 7月 61-71.

加藤弘之 2016.「中国は『二重の罠』を超えられるか」加藤弘之・梶谷懐編『二重の罠を超えて進む中国型資本主義──「曖昧な制度」の実証分析──』ミネルヴァ書房 1-17.

産業タイムズ社 2015.『半導体産業計画総覧2015-2016年度版』産業タイムズ社.

── 2016a.『半導体産業計画総覧2016-2017年度版』産業タイムズ社.

── 2016b.『電子ディスプレーメーカー計画総覧2016年度版』産業タイムズ社.

電子情報技術産業協会 各年版.『主要電子機器の世界生産状況』電子情報技術産業協会.

中川涼司 2012.「中国スマートフォン市場の急成長と『ビジネス・エコシステム』」陳晋・守政毅編『中国市場ビジネス戦略：経営学』信山社 69-95.

原洋之介 2017.「経済成長の『踊り場』にたつ東アジア経済圏──歴史的パースペクティブから考える──」『世界経済評論』61(1) 6-13.

真家陽一編 2014.『中国改革の深化と日本企業の事業展開』ジェトロ.

吉岡英美 2003.「韓国 TFT-LCD 産業の発展と課題」座間紘一・藤原貞雄編『東アジアの生産ネットワーク——自動車・電子機器を中心として——』ミネルヴァ書房　287-309.

—— 2008.「韓国半導体産業の競争力——キャッチアップ後の優位の源——」奥田聡・安倍誠編『韓国主要産業の競争力』アジア経済研究所　33-70.

—— 2010.『韓国の工業化と半導体産業——世界市場におけるサムスン電子の発展——』有斐閣.

—— 2014.「2000年代以降の韓国の産業発展の深化——半導体・LCD の部材・製造装置産業の形成——」『アジア経済』55(4) 64-98.

＜韓国語文献＞

강맹수 ［カンメンス］ 2016.『재도약의 기로에 선 국내 디스플레이 산업』［再跳躍の岐路に立った国内ディスプレイ産業］IBK 경제연구소 ［IBK 経済研究所］.

권애라 ［クォンエラ］ 2012.「휴대폰 부품산업의 환경변화와 유망분야 전망 및 과제」［携帯電話部品産業の環境変化と有望分野の展望および課題］『산은조사월보』(680) 79-93.

—— 2013.「국내 휴대폰 부품산업 환경악화 가능성과 대응방안」［国内携帯電話部品産業の環境悪化の可能性と対応方案］『산은조사월보』(686) 32-41.

김기종 ［キムギジョン］ 2008.「2008년 휴대폰 산업 동향 및 향후 전망」［2008年携帯電話産業の動向および今後の展望］『산은조사월보』(635) 1-23.

김병주 ［キムビョンジュ］ 2016.「스마트홈 시대 본격 개막 '생활혁명' 펼쳐진다」［スマートホーム時代本格開幕 '生活革命' 広がる］『서울경제』［ソウル経済］2016年10月13日（http://www.sedaily.com/NewsView/1L2OGMJYAT）.

김정근•박진영 ［キムジョングン・パクジニョン］ 2016.「IoT 반도체 기술개발 동향 및 시장전망」［IoT 半導体技術開発動向および市場展望］『주간기술동향』［週刊技術動向］(1737) 3 月 1-11.

김종기 ［キムジョンギ］ 2014.「중국 스마트폰산업의 글로벌 도약 전망과 시사점」［中国スマートフォン産業のグローバル跳躍の展望と示唆点］『e-KIET산업경제정보』［e-KIET 産業経済情報］(588) 1-12.

—— 2015.「휴대폰산업의 글로벌 경쟁여건 변화와 대응 과제」［携帯電話産業のグローバル競争与件の変化と対応課題］『e-KIET산업경제정보』［e-KIET 産業経済情報］(611) 1-12.

김형준 ［キムヒョンジュン］ 2015.「시스템업체의 소재부품업체 수직계열화 방식은 더 이상 경쟁력이 없다!」［システムメーカーの素材部品メーカー垂直系列化の方式はもはや競争力がない！］서울대학교 공과대학 ［ソウル大学校工科大学］『축적의 시간』［蓄積の時間］지식노마드 ［知識ノマド］243-260.

문용필•안시온•민은지 ［ムンヨンピル・アンシオン・ミンウンジ］ 2015.「중국 디스플레이산업의 급부상과 지역산업의 대응 과제」［中国ディスプレイ産業の急浮上と地域

産業の対応課題」韓国銀行 大田忠南本部［韓国銀行大田忠南本部］1-35.

文輝昌・朴智珉［ムンヒチャン・パクチミン］2014.「해외직접투자의 경제적 효과: 삼성전자의 휴대폰 부문 사례를 중심으로」［海外直接投資の経済的効果：サムスン電子の携帯電話部門の事例を中心に］『Korea Business Review』18(3) 125-146.

未來創造科學部・韓國情報通信振興協會・韓國電子情報通信産業振興會編2016.『(2015)ICT실태조사』［(2015) ICT 実態調査］. 韓國情報通信振興協會.

박영준［パクヨンジュン］2015.「기초와 응용을 넘어선 제 3 의 지식, 아키텍처의 영역에 도전하라!」［基礎と応用を超えた第 3 の知識，アーキテクチャの領域に挑戦しろ！］서울대학교 공과대학［ソウル大学校工科大学］『축적의 시간』［蓄積の時間］지식노마드［知識ノマド］189-208.

박성천・추유상・조한진［パクソンチョン・チュユサン・チョハンジン］2013.「시스템반도체 산업 동향 및 경쟁력 강화 방안」［システム半導体産業の動向および競争力強化方案］『전자통신동향분석』［電子通信動向分析］28(2) 97-114.

박주양・양지송［パクチュヤン・ヤンジソン］2012.『(한국반도체산업발전사)반도체, 신화를 쓰다 : 열정으로 만들어가는 '희망 서사시'」［(韓國半導體産業発展史) 半導体，神話を著す：情熱で作っていく '希望叙事詩'］韓國半導體産業協會.

박주현［パクチュヒョン］2016.「OLED : 삼성이 퀀텀닷 딜레마에 빠졌다!」［OLED : サムスンがクオンタムドットのジレンマに陥った！］『화학저널』［化学ジャーナル］26(4) 1 月 32-35.

서동혁［ソドンヒョク］2014.「중국 디스플레이산업의 급성장과 대응방안」［中国ディスプレイ産業の急成長と対応方案］『e-KIET산업경제정보』［e-KIET 産業経済情報］(580) 1-12.

안기현・성준이・문용필［アンギヒョン・ソンジュニ・ムンヨンピル］2016.『국내 반도체산업의 경쟁여건 분석 및 향후 정책과제』［国内半導体産業の競争与件分析および今後の政策課題］한국은행 경기본부・한국은행 대전충남본부［韓國銀行京畿本部・韓國銀行大田忠南本部］.

오정숙［オジョンスク］2014.「중국 스마트폰업체의 글로벌 선도업체로 도약 전략 방향」［中国スマートフォンメーカーのグローバル先導メーカーへの跳躍戦略の方向］『정보통신방송정책』［情報通信放送政策］26(15) 34-47.

윤태구［ユンテグ］2015.「삼성전자 中 시안 반도체 공장 '산시속도' 결실…생산액 2 조원 돌파」［サムスン電子，中・西安半導体工場 '陝西速度' 結実…生産額 2 兆ウォン突破］『亞洲經濟』2015年10月20日（http://www.ajunews.com/view/2015102014 5246400）.

이미혜［イミヘ］2016.「시스템반도체 산업 동향」［システム半導体産業動向］『Issue Report』2016(3) 1-21.

이창희［イチャンヒ］2015.「차세대 기술에 대한 투자는 시기가 있다. 놓치면 따라잡지 못한다!」［次世代技術に対する投資は時期がある。逃すと追いつけない！］서울대학교 공과대학［ソウル大学校工科大学］『축적의 시간』［蓄積の時間］

지식노마드 ［知識ノマド］261-278.

이하늘 ［イハヌル］2016.「수출 '보루' 휴대폰도 '휘청'…두달 연속 마이너수」［輸出の '砦' 携帯電話も 'ふらつき'…2カ月連続マイナス］『머니투데이』［マネートゥデイ］2016年6月12日（http://news.mt.co.kr/mtview.php?no=2016061210375421671&type=1）.

임채덕·형준선태·정영준·김태호·유현규 ［イムチェドク・ヒョンジュンソンテ・チョンヨンジュン・キムテホ・ユヒョンギュ］2013.「SW 플랫폼 해법：SoC 융합으로」［SWプラットフォーム解法：SoC融合へ］『KESSIA 이슈리포트』［KESSIAイシューレポート］4月 1-44.

정동영 ［チョンドンヨン］2009.「중국 반도체·LCD 산업의 부상과 대응」［中国半導体·LCD 産業の浮上と対応］『CEO Information』（733）1-22.

情報通信技術振興センター ［情報通信技術振興センター］2016.『정보통신산업의 진흥에 관한 연차보고서』［情報通信産業の振興に関する年次報告書］미래창조과학부 ［未来創造科学部］.

주대영 ［チュデヨン］2015.「베트남의 국제가치사슬（GVC）거점 부상과 한국 전자업계의 대응」［ベトナムの国際価値連鎖（GVC）拠点の浮上と韓国電子業界の対応］『KIET산업경제』［KIET 産業経済］（205）69-80.

지식경제부 ［知識経済部］2012.「삼성전자의 낸드 메모리 중국투자 신고 수리」［サムスン電子の NAND メモリの中国投資の申告受理］『보도참고자료』［報道参考資料］2012年1月5日.

지은희 ［チウンヒ］2013.「우리나라 소프트웨어 산업 현황 및 문제점：국내 SW 생태계 악순환 단절시켜 선순환 체계로 전환해야」［我が国のソフトウェア産業の現況および問題点：国内 SW 生態系の悪循環を断ち切り好循環体系に転換すべき］『과학과 기술』［科学と技術］（534）67-71.

차상균 ［チャサンギュン］2015.「시작부터 글로벌을 지향하지 않는 소프트웨어는 무의미하다!」［初めからグローバルを指向しないソフトウェアは無意味だ!］서울대학교 공과대학 ［ソウル大学校工科大学］『축적의 시간』［蓄積の時間］지식노마드 ［知識ノマド］279-296.

하제헌 ［ハジェホン］2016.「삼성전자의 타이젠 OS 전략이 진화한다」［サムスン電子のタイゼン OS 戦略が進化する］『서울경제』［ソウル経済］2016年7月7日（http://www.sedaily.com/NewsView/1KYRUKY5C7）.

한재진 ［ハンジェジン］2014.「삼성의 생존 투자처, 베트남」［サムスンの生存投資先, ベトナム］『CHIEF EXECUTIVE』（144）68-69.

황기웅 ［ファンギウン］2015.「반도체의 성공 경험이 모든 사업에서 다 통하는 것은 아니다!」［半導体の成功経験があらゆる事業ですべて通じるのではない!］서울대학교 공과대학 ［ソウル大学校工科大学］『축적의 시간』［蓄積の時間］지식노마드 ［知識ノマド］229-241.

황민규 ［ファンミンギュ］2015.「삼성·인텔, 중에 공장 확대…차세대 메모리기지로 뜨는

中国」［サムスン・インテル，中国に工場拡大…次世代メモリ基地として浮上する中国］『디지털타임스』［デジタルタイムス］2015年10月21日（http://www.dt.co.kr/contents.html?article_no=2015102202100351794001）.

＜英語文献＞

Gartner 2009. "Gartner Says Worldwide Smartphone Sales Reached Its Lowest Growth Rate With 3.7 Per Cent Increase in Fourth Quarter 2008." *Press Release*, 11 March 2009 (http://www.gartner.com/newsroom/id/910112).

―――― 2010. "Gartner Says Worldwide Mobile Phone Sales to End Users Grew 8 Per Cent in Fourth Quarter 2009; Market Remained Flat in 2009." *Press Release*, 23 February 2010 (http://www.gartner.com/newsroom/id/1306513).

―――― 2013. "Gartner Says Worldwide Mobile Phone Sales Declined 1.7 Percent in 2012." *Press Release*, 13 February 2013 (http://www.gartner.com/newsroom/id/2335616).

―――― 2015. "Gartner Says Smartphone Sales Surpassed One Billion Units in 2014." *Press Release*, 3 March 2015 (http://www.gartner.com/newsroom/id/2996817).

―――― 2016. "Gartner Says Worldwide Smartphone Sales Grew 9.7 Percent in Fourth Quarter of 2015." *Press Release*, 18 February 2016 (http://www.gartner.com/newsroom/id/3215217).

Gill, Indermit, and Homi Kharas et al. 2007. *An East Asian Renaissance: Ideas for Economic Growth*, Washington DC: World Bank.

IHS 2016a. "Oversupply to Overshadow LCD Market in 2016, IHS Says." *Press Release*, 26 January 2016 (https://technology.ihs.com/573302/oversupply-to-overshadow-lcd-market-in-2016-ihs-says).

―――― 2016b. "Declining Flat Panel Display Revenue to Reach Lowest Level Since 2012, IHS Says." *Press Release*, 7 March 2016 (https://technology.ihs.com/575179/declining-flat-panel-display-revenue-to-reach-lowest-level-since-2012-ihs-says).

Kang, Hyoseok, Sungyong Chang, and Jaeyong Song 2013. "Competition for Platform Leadership: The Smartphone War between Samsung Electronics and Apple." *Korea Business Review*, 17(1) February: 161−183.

LG Display 2016. *2015 Annual Report (Form 20-F)*, Washington DC: United States Securities and Exchange Commission.

Yoshioka, Hidemi 2016. "Industrial Development and Linkage Formation in Korea: A Case Study of the FPD Industry." In *Varieties and Alternatives of Catching-up: Asian Development in the Context of the 21st Century*, edited by Yukihito Sato and Hajime Sato, Chiba: IDE-JETRO, 89−123.

＜インタビュー・リスト＞

インタビュー 2016. 大韓民国世宗市にて行った筆者（吉岡）による産業技術保護委員会

の元・委員（業界関係者）へのインタビュー，2016年12月6日．

インタビュー 2017．日系電子材料企業・本社にて行った筆者（吉岡）による元サムスン・
　　ディスプレイの関係者（エンジニア）へのインタビュー，2017年1月24日．

【付記】
　本章を執筆するにあたって，聴き取り調査に快く応じてくださった匿名の業界関係者
の方々には，多数の有益なご示唆とご助言をいただいた。ここに記して感謝の意を表す
る。なお，本章の内容に誤りがあれば，それはすべて筆者の責に帰するべきものである。

第3章

重化学工業の競争力と構造調整の課題

安　倍　　誠

はじめに

　韓国は1960年代半ばから輸出主導の高成長を開始したが，当初から政府は労働集約的な軽工業だけでなく重化学工業を含めた成長をめざしていた。とくに1973年からは造船や自動車，鉄鋼，石油化学などの産業に資源を重点的に配分する重化学工業化政策を強力に推進した結果，多くの産業を輸出産業化することに成功した。1979年の第二次オイルショック，1997年の通貨危機の影響によって一時的な調整を余儀なくされたが，その後も成長を続けて2000年代には韓国経済を牽引する存在となるに至っている。表3-1は過去20年間の韓国の輸出上位10品目を示したものだが，半導体・平面ディスプレイ・無線通信機器など IT 製品と並んで，自動車と自動車部品，さらに石油製品，船舶，合成樹脂，鉄鋼板などがつねに上位に入っていることがわかる。しかし，2010年代に入ると重化学工業の生産および輸出の伸びは鈍化し，一部の品目では大きな落ち込みをみせた。そのため設備や人員の過剰問題が顕在化し，構造調整の必要性が主張されるようになった。

　本章では2010年代に入ってからの重化学工業の成長鈍化の要因を探るとともに，それを打開するべく試みられている政府による構造調整政策，および企業の新たな戦略の実情とその課題について論じる。第１節では造船業，鉄鋼業，石油化学産業を例に，2000年代の急成長から一転して2010年代

79

表3-1　韓国の10大輸出品目

	1995年	2000年	2005年	2010年	2015年
1	半導体	半導体	半導体	半導体	半導体
2	自動車	コンピュータ	自動車	船舶・海洋構造物	自動車
3	船舶・海洋構造物	自動車	無線通信機器	自動車	船舶・海洋構造物
4	人造長繊維織物	石油製品	船舶・海洋構造物	平面ディスプレイ	無線通信機器
5	映像機器	船舶・海洋構造物	石油製品	石油製品	石油製品
6	電子応用機器	無線通信機器	コンピュータ	無線通信機器	平面ディスプレイ
7	コンピュータ	合成樹脂	合成樹脂	自動車部品	自動車部品
8	衣類	鉄鋼板	鉄鋼板	合成樹脂	合成樹脂
9	鉄鋼板	衣類	自動車部品	鉄鋼板	鉄鋼板
10	合成樹脂	映像機器	映像機器	コンピュータ	プラスティック製品
1-10シェア	50.9	56.6	60.0	62.2	59.4
1-20シェア	65.7	70.7	71.5	72.7	70.5

（出所）　韓国貿易協会 K-stat（http://stat.kita.net）。
（注）　MTI コード 3 ケタ基準，⬜⬜⬜⬜は2015年10大品目。

に成長に急ブレーキがかかる過程をみていく。第 2 節では，2010年代半ば
から政府が推進した構造調整政策，とくに重化学工業に対して行った設備
削減ないし企業再編策について，過去にやはり同じような政策を実施した
日本の事例と比較しながら，その特徴と限界を探る。第 3 節では企業が構
造調整を進める一方で力を入れている製品の高付加価値化および新事業へ
の展開について，そこでの課題を検討する。

第 1 節　重化学工業の成長から停滞への転換

　本節では，韓国の重化学工業がなぜ2000年代まで急成長を遂げたのか，
そして2010年代に一転して成長にブレーキがかかってしまったのか，重化
学工業のなかでも韓国の代表的な産業であり，また2010年代に入って構造
調整の対象となっている造船業，鉄鋼業，石油化学産業の事例から明らか
にしていく。

80

1．造船業

⑴　1990年代以降の高成長

　韓国の造船業は1970年代初めから政府の強力な育成策によって本格的な成長を開始した。1980年代に入ってからも着実に設備を増強していったが，1980年代後半の世界的な造船不況の影響を受けて，政府が1989年に設備の新増設を抑制する措置をとるなど一時的な調整を余儀なくされた。1993年に政府規制が撤廃されると，韓国の造船各社は競って再び設備の新設・拡張を行った。

　ここで重要であったのは，現代重工業，大宇重工業[1]（現在の大宇造船海洋），サムスン重工業の大手３社が，設備の増強にあたって同じ造船所に巨大ドックを複数建設する方法をとったことである。これにより，複数の大型船を同時期に建設することが可能となった。折しも1990年代後半から大型コンテナ船，大型タンカー，LNG・LPG船など大型船舶の需要が急拡大していた。付加価値が高いこれら大型船舶は船主ごとに仕様は異なっていたが，同じ船主が複数隻の同型船を一括して発注するケースが少なくなかった[2]。大手３社は複数の巨大ドックを最大限活用できるこうした受注を積極的に取り込んで，短期間での納入を実現した（麻生 2008, 66-70）。多くの受注は習熟効果を通じて韓国のメーカーに生産性の上昇と建造能力の向上をもたらした。その結果，韓国の造船業は，建造量世界第１位にまで登りつめることになった（図3-1）。

　これに対して日本の造船業は，次節でも述べるように1970年代から1980年代にかけての造船不況に対応するため，２度にわたって政府主導による設備削減と生産調整を行った。結局，設備総量の規制は2000年代半ばまで残存することになった。そうしたなかで日本の大手造船メーカーは，造船不況期に開始した産業用機械・プラントや鉄道車両，航空宇宙，地上構造物など造船以外の事業分野への多角化に資源を投入する一方，造船では設備を拡大せずにひとつのドックでも多種多様な受注船を建造できる生産システムの確立に力を注いだ。しかし，それでは1990年代後半からの需要の急増と大型船舶中心への市場の転換に十分に対応できず，韓国メーカーの躍

図3-1　日本・韓国・中国の新造船建造量の推移

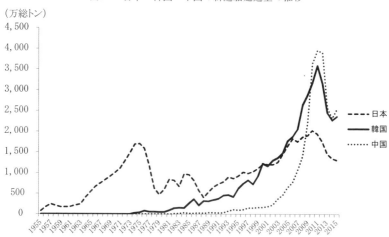

（出所）　国土交通省『国土交通白書』各年版。

進を許すことになったのである（麻生 2008, 70-74；具・加藤 2013）。

(2) 2000年代半ば以降の変化

 ところが2000年代後半になると市場に新たな動きがみられるようになった。日本の中堅メーカーと中国メーカーの台頭である。日本では造船不況の過程で体質強化に成功した一部の中堅メーカーが，政府の設備総量規制の撤廃とともに本格的な生産拡大に乗り出した。とくにこれら中堅メーカーは標準船を導入して連続建造することによってコスト競争力を強化し，ばら積み船の市場で再び成長をみせるようになった。さらに中国造船業も国内海運需要の爆発的な拡大を受けて，やはりばら積み船や中型コンテナ船を中心に生産を急拡大させた。その結果，2010年に中国造船業は総建造量で韓国を抜いて世界第1位にまで登りつめるに至った。

 2008年のリーマンショック以降，新興国を中心に世界の海上輸送需要は低迷し，船舶需要は大きく落ち込んだ。韓国の造船メーカーは一転して設備過剰に陥り，経営が悪化した。まず大きな影響をこうむったのが日本や中国のメーカーとの競争にさらされていた中小造船メーカーであり，2007

年には韓国内に57カ所あった中小造船所が2015年には38カ所にまで減少した。

　大手メーカー3社の場合，受注量の急減を埋め合わせるためにドリルシップ（掘削船）や浮体式生産貯蔵積出設備（FPSO）といった海洋プラント事業に進出した。一時は3社の受注の3分の2を海洋プラントが占めるに至った。しかし，その後のエネルギー価格の急落によって海洋プラントの発注は激減した。すでに受注したプラントについても，第3節で詳述するような技術的な問題もあって発注元からの度重なる設計変更に十分に対応できず，工期が大幅に遅れた。国内3社が揃って競争的に受注したために元々の受注価格が低くなっていたこともあり，3社とも多額の損失をこうむることになった（ホンソンイン 2015）。造船もエネルギー価格の下落によって韓国大手3社のおもな製造船舶である大型タンカーやLNG・LPG船の需要縮小に歯止めがかからず，経営はますます厳しいものになったのである。

2．鉄鋼業

(1)　生産の順調な拡大

　1972年に韓国初の銑鋼一貫製鉄所である浦項綜合製鉄（現在のポスコ）の浦項製鉄所第1期工事が竣工した。それ以来，日本の鉄鋼業の生産量がほぼ同水準にとどまっていたのとは対照的に，韓国は順調に生産量を拡大させた。とくに1980年代後半から韓国鉄鋼業の生産の拡大ペースが速まった。その要因は，第一に造船業や自動車産業，建設業など国内の需要産業が順調に拡大したことに加えて，1990年前後からはASEANや中国など新興国市場向けの輸出が大きく増加したことである。第二に，浦項製鉄所に続いて1987年からポスコの第2製鉄所である光陽製鉄所の生産が開始されたことである。光陽製鉄所は最新の大型設備と効率的な工場レイアウトなどによって日本の製鉄所よりも高いコスト競争力を実現した（安倍 2012）。その結果，ポスコは1998年に日本の新日本製鐵（当時）を抜いて粗鋼生産量で世界第1位の鉄鋼メーカーにまで成長を遂げた。

　しかし，2000年代に入ると中国が韓国や日本をはるかに上回る規模で鉄鋼生産を拡大させた（図3-2）。1998年の中国の粗鋼生産量は1億1400万トン

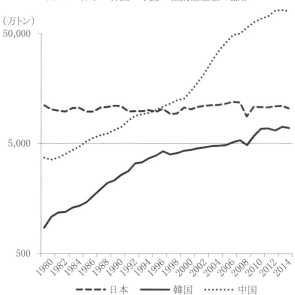

図3-2 日本・韓国・中国の粗鋼生産量の推移

(出所) 日本：経済産業省，韓国：韓国鉄鋼協会，中国：中国統計局。
(注) 縦軸は対数目盛。

と，すでに日本よりも多くなっていたが，2008年には4億8900万トンと生産量は10年で4倍に達した。中国で生産された鉄鋼材は国内供給ばかりでなく輸出にも向けられ，その仕向け先は韓国にまで及んだ。

韓国の中国からの鉄鋼材輸入は増加することになったが，この時期の輸入は韓国内の部門間不均衡を補う側面があった。鉄鋼業のセクターには，大きく分けて3つの類型の企業が存在する。まず鉄鉱石と石炭から銑鉄を，銑鉄から中間製品であるスラブやホットコイルを生産する高炉メーカーがある。つぎに高炉メーカーからスラブやホットコイルの供給を受けて厚板や冷延鋼板，鋼管などを生産する単圧メーカー，さらに鉄スクラップから建設に使われる形鋼・棒鋼や鉄筋など条鋼類を生産する電炉メーカーがある（図3-3）。高炉メーカーはスラブやホットコイルを単圧メーカーに供給するだけでなく，自らも厚板や冷延鋼板，表面処理鋼板を生産することが多い。2000年代後半までの韓国の高炉メーカーはポスコのみであり，ポスコ

第3章　重化学工業の競争力と構造調整の課題

図3-3　鉄鋼業の工程図

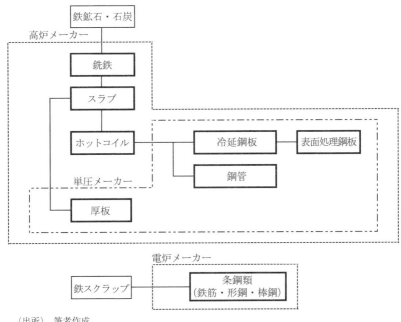

（出所）筆者作成。

は生産したスラブやホットコイルの自社消費を優先したため，川下の単圧メーカーは慢性的な中間製品の不足に悩んでいた。その穴埋めをするために日本，そして中国の鋼材が大量に輸入されたのである。

　そうしたなかで現代自動車グループ傘下の現代製鉄が高炉の建設に乗り出した。現代自動車グループは旧現代グループの時代から電炉メーカーや鋼管メーカーを傘下にもっていたが，鋼板-自動車の一貫生産をめざして1990年代末から冷延鋼板や表面処理鋼板の生産を開始した。しかし母材となるホットコイルはポスコや海外からの輸入に依存していた。その自給化を図るべく2010年から2013年にかけて，現代製鉄は粗鋼生産能力年産400万トン規模の高炉3基を相次いで竣工させた。その結果，韓国の鉄鋼材生産は2010年の6600万トンから2014年の7400万トンへと拡大し，川中のホットコイルやスラブの供給不足も一定程度解消されることになった。

(2) 国内需要の鈍化と輸入鉄鋼材の市場定着

 ところがリーマンショック以降,鉄鋼材の国内生産が拡大したのとは対照的に,国内消費は先にみた造船業や建設業など需要産業の成長が鈍化したことによって頭打ちとなった(図3-4)。他方,国内生産の拡大にともなってスラブやホットコイルといった中間製品と厚板の輸入は減ったものの,条鋼類や冷延鋼板,表面処理鋼板など川下の製品の輸入が増加したため,鉄鋼材の輸入全体は高い水準を維持し続けている。とくに,中国国内において景気減速にともなう鉄鋼材の供給過剰が深刻化したため,価格の安い中国材の韓国市場への流入が再び激しくなっている。韓国の鉄鋼市場の場合,日本で「ひも付き」と呼ばれるような需要者間での長期取引よりもスポット取引の方が一般的であること,中国の輸出に大手メーカーも参入するようになって中国材の品質が急速に向上していることも,中国材が急速に韓国に浸透した要因であると考えられる。さらに,2010年代半ばには円

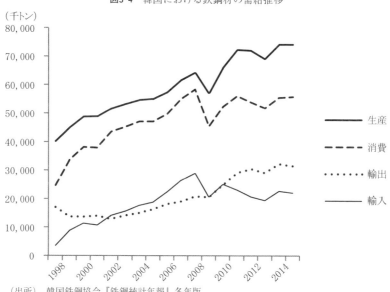

図3-4　韓国における鉄鋼材の需給推移

(出所)　韓国鉄鋼協会『鉄鋼統計年報』各年版。
(注)　生産は鉄鋼材最終製品の生産と半製品輸出の合計。

安によって日本産の鉄鋼材も韓国市場に流入するようになり，H形鋼や鉄
筋など，品目によっては韓国市場の約4割を輸入鉄鋼材が占めるようになっ
ている。

　需要は頭打ちになるなかで輸入鉄鋼材が国内に着実に浸透することにより，国内鉄鋼メーカーは経営的に苦境に陥った。

　厚板市場では，国内需要が伸び悩むなかで現代製鉄が川上の高炉工場の
建設とともに厚板工場も新設して生産を開始したため，一気に供給過剰が
表面化した。その結果，既存の厚板メーカーのひとつである東国製鋼の財
務状況が悪化し，2014年6月に私的債務整理スキームのひとつである構造
改善約定をメインバンクである韓国産業銀行と締結し，資産売却や有償増
資など債務リストラを余儀なくされた。

　また単圧メーカー兼電炉メーカーである東部製鉄は，韓国鉄鋼業界では
ポスコと現代製鉄に次ぐ地位にあったが，中国産の冷延鋼板や条鋼類の輸
入増によって大きな打撃を受けた。折しも東部製鉄はミニミルと呼ばれる
ホットコイル生産設備の新設に乗り出していたため，そのための借り入れ
負担によって資金繰りが苦しくなり，2014年10月に私的債務整理スキーム
のひとつである構造改善約定を債権金融機関と締結した。しかし，それで
も経営は正常化せず，2015年10月には債権金融機関との共同管理体制であ
るワークアウトに移行した。

3．石油化学産業

⑴　韓国石油化学産業の競争力と中国の出現

　ほかの韓国の重化学工業と同じく，石油化学産業も1970年代から政府の
産業育成策に後押しされて成長を遂げてきた。とくに1980年代後半の投資
自由化後，大手財閥がこぞって石油化学プラントの新増設を行った。その
後，一時的に調整を余儀なくされたものの，1990年代から2000年代にかけて
は旺盛な国内需要に加えて本格的に経済成長を開始した中国向けの輸出が
急増したことにより，韓国の石油化学産業は成長を加速化させた。その結
果，韓国は2015年にエチレン生産能力で世界第4位の位置を占めるまでに

87

至った。

　韓国の石油化学産業における競争力の源泉は，規模の経済と工場立地の集積に基づく高い生産効率である。石油化学産業は装置産業であり，生産設備が大きいほど生産効率も高くなる。石油化学産業において中心を占める施設は，原料であるナフサを分解してエチレン等を生産するエチレンセンターである。おもに1960年代に工場を建設した日本の石油化学産業においては，エチレンセンターの生産能力は大きくてもプラント当たり年産30～40万トン，工場全体でも50～80万トンである。それに対し，1970年代から1990年代初頭にかけて建設した韓国のエチレン生産設備はプラント1基だけで年産100万トン前後に達する。さらに日本の石油化学産業の工場が全国に散らばっているのに対し，韓国の工場は蔚山，麗川，大山の3つの工業団地に集中している。これによって中間段階の輸送コストを最小化させ，川下段階でも大規模生産を可能にしている。

　しかし2010年代に入って，韓国の石油化学産業は試練の時期を迎えた。ここでもその最大の要因は中国である。2000年代から中国は韓国を上回る年産200～300万トンレベルのエチレンセンターを含む石油化学工場を相次いで建設し，急速に生産を拡大させてきた。品目によってはその巨大な国内需要をほぼまかなえるまでに成長を遂げている。とくにエチレンやプロ

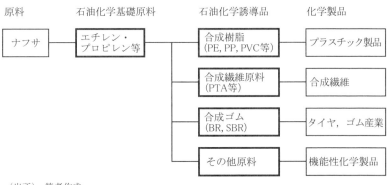

図3-5　石油化学産業の工程図

（出所）　筆者作成。

ピレンなど石油化学基礎原料からつくられる石油化学誘導品のいくつかの品目について，その傾向は顕著である（図3-5）。

(2) PTA 生産の拡大と縮小

ここでは石油化学誘導品のひとつである PTA（高純度テレフタル酸）についてみてみよう。PTA はポリエステルやペットボトルの原料である。当初はグループ内でポリエステル生産企業をもつサムスン石油化学（現在のハンファ綜合化学）が PTA の独占メーカーであった。1980年代後半の投資自由化により三南石油化学，コハップ（現在のロッテケミカル），SK 石油化学，泰光産業，暁星といった，同じくポリエステルをグループ内で製造している企業が，原料の自己調達をめざして相次いでPTAの生産を開始した。2000年代半ばからは本格的にポリエステル生産を開始した中国やインド向けの輸出が急増した。その結果，韓国のPTA生産量は2000年の424万トンから2010年の654万トンへと大幅に増加した（図3-6）。三南石油化学は韓国の三養社と日本の三菱化学の折半出資による合弁企業だが，2000年代後半には年産

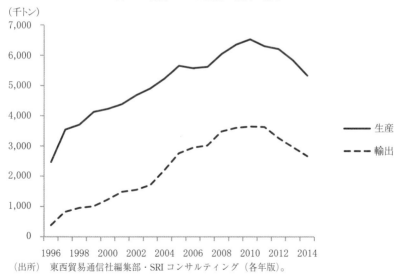

図3-6　韓国の PTA 生産・輸出の推移

（出所）　東西貿易通信社編集部・SRI コンサルティング（各年版）。

180万トン規模の設備をもつ世界最大のPTAメーカーにまで成長を遂げた。

　しかし，中国の石油化学メーカーも同じく2000年代からPTA生産を増加させ，2010年代に入ると国内需要をほぼ自給できるようになった。2014年時点で福建省厦門の450万トン級を含め200万トン以上の生産能力をもつ工場が6つもあるなど，中国のPTAメーカーは韓国以上の大規模生産を行っている。そのため韓国メーカーよりもコスト面で5～10％有利であるとされる。韓国企業は中国市場から押し出されてしまい，韓国のPTA輸出は2010年の365万トンから2015年の231万トンへと急減した。同年の生産設備が年産634万トンであるのに対して生産量は481万トンにとどまっており，設備過剰が深刻になっている。

　以上でみてきたように，造船，鉄鋼，石油化学など韓国の重化学工業は政府の育成策のもとで1970年代から成長を開始した。とくに2000年代以降は中国など新興国の成長による市場拡大の機会をとらえて，生産設備の大規模な拡張を通じて持続的な成長を実現してきた。しかし，リーマンショックを経て2010年代に入ると新興国を中心とした世界の成長鈍化によって需要全体が頭打ちになった。さらに，中国企業の台頭によって，韓国企業は従来のような量的拡大が困難な状況となり，有力企業の経営悪化も顕在化している。そのため，韓国企業は量から質への転換を余儀なくされている。すなわち，既存事業の縮小ないし整理を行って供給能力を削減する構造調整を進めるとともに，さらなる成長のために製品の高付加価値化ないし新規事業への展開を迫られることになったのである。

第2節　構造調整政策の始動と限界

　前節で論じたように，造船業，鉄鋼業，石油化学産業など韓国の重化学工業は国内外での需要の沈滞と中国産業の追い上げによって，経営が悪化した企業の立て直しと供給能力の削減など構造調整が政策的な課題として浮上している。実際に韓国政府は2010年代半ばから構造調整政策を実行に移している。振り返ってみると，日本の重化学工業も1970年代から設備過

剰と企業の経営悪化に繰り返し直面して構造調整を余儀なくされてきた。本節では日本の構造調整政策の経験をまとめるとともに，それに照らした韓国の構造調整政策の特徴と課題をみていく。

1．日本の構造調整政策

(1) 1970〜1980年代——政府・業界主導の設備調整——

　造船業や鉄鋼業，石油化学産業など日本の重化学工業は，1960年代の高度成長の波に乗って企業が競って設備を拡張し，大幅に生産を拡大させた。しかし，1970年代初めのニクソン・ショックによる円切り上げと狂乱物価といわれるインフレーション，さらにオイルショックによって国内外の需要は一気に収縮した。これによって生産は停滞し，成長を見越して増え続けていた設備は一気に過剰な状態に陥った。この大きな変化は造船業については図3-1からもみてとることができる。第二次オイルショックにより世界景気がさらに冷え込んだことにより，1980年代に至るまで供給過剰状態は長期化した。

　これに対応するために実施されたのが，政府と業界が一体となった設備処理や一時的な操業短縮であった。政府は1978年に「特定不況産業安定臨時措置法」（「特安法」）を制定した。造船業は，同法に基づいて特定不況産業の指定を受け，61社に対して保有設備の35％に相当する年産340万トン分の削減が勧告された。ここで削減幅は大手が40％，中堅以下が15〜30％と大手の方が大幅に設備を処理した。独力での設備処理が困難な中堅以下の企業のために，特定船舶製造業安定事業協会が設立され，企業からの求めに応じて設備および土地の買収を行った。その結果，設備は対策前の年産977万トン（標準貨物船換算，61社）から1980年には619万トン（44社）に削減された。さらに1979年には一定規模以上の船舶を建造するメーカーに対して操業限度を勧告する操業短縮を行った（運輸省海上技術安全局造船課 1999，125-126）。

　それでも1980年代後半になると，プラザ合意以降の急速な円高によって日本の造船業の価格競争力が低下し，この時期に急速に成長した韓国企業

との競争に苦しんで再び経営が悪化した。この状況に対応するため，1987年に特定船舶製造業経営安定臨時措置法（「経営安定法」）が制定され，特定船舶製造業安定事業協会による廃止造船所の設備・土地の買い上げが再開された。さらに同法に基づく基本指針に沿って事業の共同化等によるグループ化を進めた。その結果，実施前に44社21グループあった対象業者は26社8グループにまで集約化が図られ，供給力は603万トンから460万トンまで削減された（運輸省海上技術安全局造船課 1999, 126）。

　鉄鋼業では大手高炉メーカーが1970年代後半から自主的に一部工場・設備の閉鎖等を行う一方，平炉・電炉メーカーは特定不況産業の指定を受けて設備処理を行った。1983年に特安法を継承して制定された「特定産業構造改善臨時措置法」（「産構法」）のもとで，設備処理は1988年まで継続された。その結果，平炉はすべて廃棄されるとともに，国内の電炉数は1978年の644炉から1988年の490炉へと減少した（小宮 1992, 27-28）。

　石油化学産業の場合，産構法に基づく業界内での合意により，各社に一律にエチレンセンターの設備処理が割り当てられた。その結果，国内エチレンセンターの設備能力は1983年の年産635万トンから1985年には433万トンにまで削減された（平野 2016, 185-189）。

(2)　2000年代以降──企業合併の進行と政府の後押し──

　日本で再び構造調整への気運が高まったのは1990年代末であった。バブル崩壊後の不況と1997年の金融破綻を経験して，企業の過剰債務とそれに密接に関連する過剰設備を整理する必要性が強く認識されるようになったからである。しかし，その一方で1970〜1980年代のように政府主導によって業界全体で設備を削減するような構造調整は，むしろ個々の企業の競争力を削いでしまうとの批判も強くなっていた。この時期には日本においても民間主導の経済が定着しており，政府が構造調整を主導すること自体，不可能になっていたといえる。

　そこで政府は民間主導による構造調整が円滑に行われることを促すために，1999年に「産業活力の再生および産業活動の革新に関する特別措置法」（「産業再生法」）を制定した。産業再生法の適用を受けた企業は，不採算部

門からの撤退や買収・合併など事業再構築にあたって税制面での優遇や金融支援，さらに各種規制の緩和を得ることができた。

　同法の施行もあって，2000年代に入ってから日本では産業再編が急速に進行した。とくに造船業，鉄鋼業，石油化学産業では大型の企業合併が相次いだ。単に過剰債務や過剰設備を解消するだけではなく，大型化によって規模の経済を復活させるとともに，不採算部門の整理や管理部門の統合によって効率化を図り，競争力を回復させることに目的があった。造船業の場合，大手では1995年に IHI と住友重機械工業の艦艇部門が統合してマリンユナイテッドが誕生していたが，2002年に IHI の船舶海洋部門とマリンユナイテッドが合併してアイ・エイチ・アイ・マリンユナイテッド（IHI MU）が誕生した。同年には日立造船と旧 NKK の船舶部門が統合してユニバーサル造船となった。さらに2013年には IHI MU とユニバーサル造船が合併してジャパンマリンユナイテッドが誕生した。

　鉄鋼業では大手5社のうちの2社である川崎製鉄と NKK が2001年に合併して JFE が誕生し，さらに2011年には新日本製鐵と住友金属が合併して新日鉄住金となった。石油化学産業では1990年代から三菱化成と三菱油化の合併による三菱化学の誕生（1994年），三井石油化学と三井東圧化学の経営統合による三井化学の誕生（1997年）など大型合併がみられた。住友化学と三井化学の合併は統合比率などをめぐって調整がつかず結局見送られたが，2000年代に入ってから誘導品分野での事業統合が急速に進むことになった（平野 2016, 259-261）。

2．韓国の構造調整政策

⑴　構造調整への気運の高まりと「企活法」の制定

　韓国においても2010年代に入ってから構造調整への気運が高まりをみせることになった。その最大の理由は企業の財務状況の悪化である。リーマンショック以降，一部の輸出産業を除く多くの産業で業績の低迷が続いた。さらに第1節で論じたように，2010年代前半には輸出産業の主力である重化学工業も成長がストップした。そのため企業の財務状況は悪化したが，

表3-2　産業別慢性的限界企業の比率とその変化

	2009年	2014年	変化
	%	%	% p
造船	3.4	10.7	7.3
鉄鋼	3.0	9.0	6.0
繊維衣服	6.0	8.6	2.6
電気電子	7.0	9.4	2.4
機械装備	3.2	4.4	1.2
石油化学	5.7	6.4	0.8
自動車	5.3	5.6	0.3
食料品	6.3	6.4	0.1
運輸	9.8	16.2	6.4
建設	7.6	10.6	3.0
卸小売	5.1	7.6	2.5
不動産	18.2	19.8	1.6
飲食宿泊	26.3	21.5	−4.7
産業全体	8.2	10.6	2.4

（出所）　韓国銀行『金融安定報告書』2015年12月。
（注）　資産総額120億ウォン以上の企業に占める比率。

多くの企業は，抜本的な債務リストラが実行されないまま事業を継続した。いわゆる「ゾンビ企業」の増加である。中央銀行である韓国銀行は利子補償率（営業利益／利子費用）が100％未満，つまり稼いだ利益で利子も支払えない状態が3年以上続いている企業を「慢性的限界企業」と呼んでいるが，大企業のなかで慢性的限界企業が占める比率は2000年代末から増加を続けた。とくに海運不況が深刻化した運輸と並んで，造船，鉄鋼といった重化学工業において比率が大きく上昇したことが目を引く（表3-2）。

　韓国政府は事態を改善するためには構造調整を進めることが必要だと判断し，1990年代末の日本と同様に企業の構造調整を後押しする法律の整備をめざした。それが「企業活力増進のための特別法」（「企活法」）である。企活法は日本の産業再生法をモデルにしたものであり，供給過剰業種の企業が迅速に事業再編を行えるように，商法・税法・独占禁止法などの関連規制を同時に緩和することによって事業の売却やM&Aなどを容易にするとともに，事業再編計画の承認を受けた企業が各種税制面での優遇や研究開

発投資等に対する金融支援を受けられるようにするものであった。従来は
さまざまな手続きが必要であった企業合併を一度の手続きで可能なように
簡素化し、申請から承認までかかる期間を120日から45日程度まで短縮する
ことを可能にしたことから「ワンショット法」とも呼ばれた。同法は2014
年から制定の気運が高まって法制化の準備が進められたが、大企業優遇と
の批判や財閥オーナー家族内での相続の手段に使われてしまうとの批判も
強まった。結局、同法案は2015年8月になってようやく国会に正式に上程
され、翌2016年2月に成立、同年8月から施行された。

(2) 構造調整政策の始動

　2016年に入ると韓国政府は企活法の制定だけでなく、政府・業界が一体
となった産業ごとの構造調整政策の実施を計画した。その背景には各産業
の状況に対する韓国政府の危機感があった。とくに深刻であったのは海運
業と造船業であった。海運業の場合、2016年3月に韓国の二大海運会社で
ある韓進海運と現代商船がともに、メインバンクである国営の韓国産業銀行
など金融機関に対して支援を要請した[3]。また造船業では韓国産業銀行が出
資して支援を行っていた準大手のSTX造船海洋が破綻寸前の状況にあり[4]、
大手3社のひとつであり同じく韓国産業銀行が大株主である大宇造船海洋
も急速に経営が悪化していた。これら企業はそれまで国営銀行を通じて事
実上政府が支援していたが、それも限界に達していたのである。

　2016年4月に政府は「企業構造調整推進現況と今後の計画」を発表した。
そこで海運業と造船業を「景気敏感業種」、鉄鋼業と石油化学産業を「供給
過剰業種」に指定して構造調整の方向性を示した。ここで造船業について
は各造船会社に対して早急に自主的な再建計画を提出するように求めた。
そこで大手3社は債権団と協議の上、同年6月に2018年までに設備と人員
を3分1程度縮小し、資産の売却などによって債務を圧縮する当面の再建
策をまとめた。さらに政府も造船業、鉄鋼業、石油化学産業について、各
産業の業界団体が外部に依頼するコンサルティングの結果をもとに、同年
9月までに抜本的な構造調整案と競争力強化策をまとめて、供給過剰分野・
品目がある場合は企活法を活用した事業・産業再編を進めることとした。

韓国政府は企活法の制定によって日本の2000年代の民間主導による企業の事業再編という枠組みを導入しつつ，さらに政府主導による産業全体の再編という日本の1970〜1980年代の政策手法まで動員して，構造調整を一気に進めようとしたとみることができる。

(3) 構造調整政策の限界

2016年9月に「鉄鋼産業競争力強化方案」と「石油化学産業競争力強化方案」，同年10月に「造船産業競争力強化方案」が発表され，各産業におけ

表3-3　2016年重化学工業構造調整政策の概要

	構造調整内容	コンサルティング会社	備考
造船*	・建造能力の縮小 　3社合わせてドック数31から24に縮小，直接雇用者を62,000人から42,000人に32%縮小 ・流動性の確保 　現代重工業：非核心資産売却（1.5兆ウォン），5子会社売却，非造船部門分社化および株式公開 　サムスン重工業：非生産資産売却（0.5兆ウォン），給与一部返納・社内福祉縮小，有償増資（1.1兆ウォン） 　大宇造船海洋：本社含む資産・14子会社売却（2.1兆ウォン），人件費45%圧縮，給与返納（10%），無給休職実施等	マッキンゼー＆カンパニー	当初案にあった「大宇造船海洋の独自生存は困難」の表現消え，2016年6月発表の各社発表案とほぼ同一に。
鉄鋼	・厚板：事業者の厚板設備削減・売却，事業分割，高付加価値分野への投資拡大を誘導 ・条鋼類（鉄筋・形鋼）：輸入材との競争与件を考慮して電気炉設備の調整を検討 ・鋼管：限界企業は競争力のある企業に資産・人材を譲渡，もしくは自然退出を誘導	ボストンコンサルティング	中間報告にあった「厚板7工場のうち3つ削減」「電炉事業者の統合」の表現削除。
石油化学	・PTA：M&Aを活用して適正水準に設備削減 ・PS：内需物量を超過する設備を段階的に削減 ・合成ゴム：SSBR，エラストマ等に転換誘導 ・PVC：特殊目的用のClean PVC，CPVCに転換誘導	ベイン＆カンパニー	各社発表済み。

（出所）　関係部署共同「造船産業競争力強化方案」2016年10月；同「鉄鋼産業競争力強化方案」2016年9月；同「石油化学産業競争力強化方案」2016年9月および各種報道より筆者作成。

（注）　*現代重工業は現代重工業，現代尾浦造船，現代三湖重工業の3社の合計。

る構造調整の具体案が示された（表3-3）。しかしその内容は抜本的な構造調整を事実上先送りしたものだった。造船業の場合，需要動向を考えると6月の自主再建策だけでは不十分であり，当初のコンサルティングでは「大宇造船海洋の独自生存は困難」と結論づけていたとされる。しかし，当該企業の反発はもちろん，ほかの2社が同社との合併に否定的な態度をとったため，内容は自主再建策の水準にとどまった。鉄鋼業の場合，コンサルティングの中間報告では厚板工場の具体的な削減計画や電炉メーカーの合併構想を盛り込んでいたが，業界内から強い反発が出たため，最終的には努力目標のような曖昧な表現となった。石油化学産業も，最終的に対象となったのはPTAやPS（ポリスチレン），PVC（ポリ塩化ビニル），合成ゴムといった一部の誘導品のみで，しかもすでに企業が発表していた設備削減や事業転換にとどまった。

　構造調整政策が不調に終わった理由としては，以下の三点が考えられる。第一に，構造調整が地方経済に与える影響に対する配慮である。造船業，鉄鋼業，石油化学産業の工場の多くは地方に位置しているが，大規模な構造調整は地方経済，具体的には雇用や中小企業への影響は避けられない。関連機械産業や金属加工業など裾野が広い造船業の場合は，とくに事態が深刻化する可能性がある。構造調整案が発表される直前の2016年9月の段階で，造船所が集積している蔚山市と慶尚南道の失業率は，それぞれ前年同月比1.2ポイント上昇の4.0%，同じく前年比1.6ポイント上昇の3.7%と1年のあいだに急上昇していた。政府は「造船産業競争力強化方案」と同時に「造船密集地域経済活性化方案」も発表して地方の雇用問題や中小企業対策に取り組む姿勢を示していたが，事態がさらに悪化しないように抜本的な構造調整は避けたかったとみられる[5]。

　第二に，政府と業界が協調して産業全体を再編しようとする手法は現在の韓国においても難しかったと考えられる。1970～1980年代の日本の構造調整政策は，当時の政府―企業間の協調的関係や業界内の強い凝集力があって初めて可能であったといえる。しかし，現在の韓国では企業間の利害対立も激しいなかで，業界団体はそれだけの凝集力をもち得ていない。政府にも再編を強制できるだけの手段も力ももはやなく，企業の自主性に委ね

ざるを得なかった。

　第三に，韓国企業のガバナンス構造が自主的な再編にとって障害になっている可能性がある。韓国の企業は財閥と呼ばれる大規模な企業グループなどオーナー企業が中心である。しかもとくに鉄鋼業や石油化学産業の場合，当該事業をグループの中核事業としている財閥が多い。そのためオーナー経営者は当該事業を手放すような構造調整には拒否感を示しやすい。たとえ対等合併を実現したとしても，後に経営紛争を招くことが多いのが実情である。

　もちろん，構造調整は現在進行形であり，企業経営の急転など事態の進展次第では，政府がさらなる構造調整に乗り出さざるを得なくなる可能性は高い。しかし，その際にもここで示したような要因をどのように解決していくかが大きな課題となるであろう。

第3節　高付加価値化・多角化への課題

　重化学工業の競争力強化のためには，構造調整だけでなく製品の高付加価値化が不可欠である。2016年9～10月に政府が発表した造船業と鉄鋼業，石油化学産業の「競争力強化方案」も，企業に対して従来の汎用品を中心とした少品種大量生産から脱却して，後発国企業も容易に追い上げられないような付加価値の高い先端的な製品を開発・生産することを求めていた。また今後の長期的な成長のためにも，既存の事業を土台にしつつ，新たな分野へと多角化することも必要であろう。しかし，その途は決して平坦ではない。以下では造船業と石油化学産業を事例に，高付加価値化と多角化への課題をみていく。

1．造船業

⑴　日本とは別の途――専業化――
　第1節でみたように，韓国の造船メーカーは2000年代の大型船舶を中心

第3章　重化学工業の競争力と構造調整の課題

とした世界的な船舶需要の拡大に対して，複数の大規模ドックを活用して短期間に大量に受注することに成功して，韓国は建造量世界第1位にまで生産を拡大させた。とくに現代重工業，大宇造船海洋，サムスン重工業の大手3社は大型コンテナ船や大型LNG・LPG船，大型タンカーなど付加価値が高いといわれる分野で圧倒的なシェアを確保するに至っていた。しかし，まさにこれらの船種についてはエネルギー価格の大幅な下落や新興国経済の停滞のなかで需要が一巡したとの認識が強く，環境規制直前の駆け込み需要の反動もあって，当面は市況の回復は難しいとの見方が支配的である。

　しかし，それ以外の市場に再び進出することは容易ではない。第1節で述べたように，中型船やばら積み船，特殊船の分野ではコスト競争力に優れる中国メーカーや円安の追い風を受けた日本メーカーが市場シェアを確保している状態である。さらに韓国メーカーの独壇場であった大型船舶についても，中国メーカーが韓国メーカーとの技術格差を確実に縮め，2016年からは超大型LNG船やコンテナ船を相次いで受注している。日本の造船業も大型船分野の再強化を図っており，今や日本のトップメーカーとなった今治造船が2016年に新たに400億円をかけて丸亀市に大型ドックを建設し，超大型コンテナ船の建造を開始している。韓国の造船業にとって，これまでの市場を維持することも決して容易ではないのが実情である。

　他方で韓国の大手造船メーカーは事業多角化には消極的である。造船業の事業多角化については，先にみたように日本の大手造船メーカーが1970～1980年代の構造調整の際に重機械や土木建築，エネルギー，航空宇宙等の分野に多角化を積極的に行う反面，造船分野では設備を縮小するばかりで新規投資を行わなかった結果，成長の機会を失ったとの批判は根強い（具・加藤 2013）。しかし，かつての大手造船メーカーは多角化によって新たな収益源を確保し，総合重機械メーカーとして今日に至るまで安定的な成長を維持していることも事実である。

　これに対して韓国の造船メーカーの場合，そもそも多角化を積極的に展開できるような事業構造になっていない。三菱重工業や川崎重工業の場合，構造調整が本格化する以前の1980～1985年の段階で売上げに占める造船事業

99

の割合はすでに10～20％にすぎなかった（具・加藤 2013, 11）。これに対して韓国の大手３社のなかでサムスン重工業では2015年に造船と海洋プラントを合わせた売上げの比率は98％，大宇造船海洋は同じく96％に達する。日本の造船メーカーでは，船舶用エンジン製造部門が事業多角化の大きな核となったが，サムスン重工業と大宇造船海洋の２社は現在，エンジン製造を行っていない[6]。現代重工業の2015年における造船と海洋プラントを合わせた売上げの比率は連結ベースで50％だが，これは2010年に現代重工業グループとして石油精製会社である現代オイルバンクを買収したことによる。現代重工業本体をみると2016年から2017年にかけて太陽光・風力発電などグリーンエネルギー部門や建設機械部門，ロボット事業部門を次々に分社化した。日本の造船業を反面教師としたような造船専業化の戦略が成功するかどうかは，造船市況の動向，そして台頭する日中造船業に打ち勝つだけの競争力のさらなる強化にかかっている。

(2) 海洋プラント事業の困難

造船業の競争力を高めるひとつの選択肢は，船舶製造の延長線上にあって付加価値の高い海洋プラント事業を強化することである。しかし，先にみたように各社とも2000年代末から同事業を積極的に推進してきたが，2010年代半ばになって多額の損失を計上せざるを得なくなった。韓国政府は引き続き同事業の拡大を韓国造船業の有望な高付加価値化戦略のひとつと位置づけているが，その前途は決して明るいとはいえない。

最大の問題は技術の蓄積の不足である。一般に海洋プラントの建設は，設計，購買，施工，設置の４段階に分かれる。設計はさらに概念設計，基本設計，詳細設計の３つに区分される。概念設計と基本設計は合わせてFEED（Front-End Engineering and Design）と呼ばれる。2000年代まではオイルメジャーもしくはそこから一括受注した専門会社が，各段階の専門会社に発注を行い，韓国メーカーはそこで施工のみ行っていた。ところが2010年頃からエネルギー価格の回復を受けて海洋プラントの需要が急増した。折しも造船事業の落ち込みに苦しんでいた韓国の大手造船メーカー３社は，先を争って海洋プラントを一括して受注するようになった。

しかし，韓国の造船メーカーには海洋プラントの施工以外の経験はほとんどなく，とくに FEED を行う能力はもっていなかった。また掘削用高圧ポンプや深海ケーブルなど中核的な資材は国内で製造できなかった。結局，オイルメジャー等の発注元の会社からの求めもあって，FEED や中核的な資材は高い価格でヨーロッパの専門企業に委託・注文せざるを得なかった。

加えて，海洋プラントの建設全体を管理するプロジェクト・マネジメントは設計ノウハウへの理解がないと難しいものであった。とくに海洋プラントでは工事期間に発注元から造船事業ではないような設計変更が頻繁に出されることがあり，これに対応できずに工期が大幅に遅れることになった。そもそも受注段階で韓国の３社が激しく競争したために，当初からコスト割れが予想されるような低価格で受注したとされる。そのため各社とも損失が雪だるま式にふくれあがることになったのである[7]。

韓国政府が示した海洋プラントの競争力強化案は，一部機資材の官民共同開発，プロジェクト・マネージャー養成のための教育プログラムの新設，造船各社・エンジニアリング会社の共同出資によるプラント設計専門会社の設立などを具体策として掲げている。しかし，これらの分野ではヨーロッパを中心とした専門会社が長い経験により技術を蓄積し，オイルメジャー等のプラント発注会社と信頼関係を築き上げている。新たに韓国企業が参入するのは容易ではないのが実情である。

2．石油化学産業

(1) 汎用品中心の事業構造

第１節でも論じたように，韓国の石油化学産業は最新の大型設備により石油化学基礎原料や同誘導品など少品種の汎用品を大量生産することによって発展を遂げてきた。しかし今や低コストで原料が調達できるアメリカや中東，さらに中国やインドなどの需要国が韓国以上の最新大型設備による生産を始めており，韓国のコスト競争力を脅かしている。たとえば第１節でふれた PTA の場合，製品にグレードは存在せず，コストのみが競争力を決定する。コストは原料費と設備の大きさ，新しさでほぼ決まってくるの

で，韓国企業は自分たちと原料費はほぼ同じで設備の大きさと新しさではるかに凌ぐ中国企業に押されることになった[8]。韓国の石油化学企業が競争力を強化するためには，汎用品の少品種大量生産から付加価値の高い機能性化学製品の多品種少量生産へと事業を高度化していく必要がある。

　1980年代に構造調整を余儀なくされた日本の石油化学産業の場合，多くの企業がエチレンセンターを閉鎖・集約するとともに，石油化学の汎用品事業から撤退して機能性化学製品分野を強化した。とくに大手化学メーカーは1980年代から1990年代にかけて，当時強い競争力を保持していた日本の電子メーカーと協力することによって液晶ディスプレイやリチウムイオン電池の材料を開発することに成功した。さらに大手メーカーは医薬・農薬分野へと事業の範囲を広げていった。たとえば住友化学は愛媛と千葉にあったエチレンセンターのうち千葉のセンターのみ残し，愛媛の工場は電子部材や農薬などの生産に転換した。その結果，2000年代に基礎原料部門の売上げを40％程度に圧縮し，電子材料など機能製品事業や医薬・農薬事業がそれぞれ基礎原料部門以上の収益を上げられる事業構造へと転換することに成功した（平野 2016, 309–313）。

　しかし，韓国企業の場合，そうした試みはまだ緒についたばかりである。韓国化学産業のリーディング企業であるLG化学の場合，大山と麗川にそれぞれ年産100万トン規模のエチレンセンターを保有して石油化学基礎原料を生産するとともに，川下の化学製品の製造も幅広く展開している。とくにグループ内で液晶パネルなど電子部門を保有していることもあり，偏光板，カラーレジストなど電子材料にも進出している。近年はやはり電子部門とのシナジーを生かせる二次電池事業に力を注いでいる。しかし，2010年代半ばの時点で売上げの70％以上，営業利益の90％以上は依然として石油化学基礎原料部門で上げている。偏光板はすでに汎用品化して価格が大幅に下落しており，二次電池事業も利益を生むには至っていないのが実情である。LG化学は積極的に研究開発投資を行うとともに，2016年にグループ内のバイオ薬品会社であるLG生命科学を統合し，さらに農薬メーカーの東部ファーム東農を買収するなど矢継ぎ早に手を打っている。しかし，事業全体の転換までもたらすかは未知数である。

⑵ 機能性化学事業拡大への課題

　なぜ機能性化学製品を十分に開発・生産するには至っていないのだろうか。化学製品の場合，組立型製品のようにリバースエンジニアリングが難しいため，簡単には物質の組成が判明せず，それが判明しても容易には生産方法がわからない（平野 2016, 304）。とくに機能性化学製品の製造技術は設備に体化しておらず製法・調合にノウハウがあり，日本メーカーなど先進国企業はこの部分をブラックボックス化している。

　化学製品の開発能力とは，必要な材料の特性を理解し，耐久性，耐熱性等を考慮しながらその特性にふさわしい材料を探索し，調合を繰り返しながら製品をつくりだす能力のことである。韓国メーカーとの合弁企業で勤務している，あるいは韓国メーカーで顧問として勤務経験のある日本人技術者によれば，韓国の化学メーカーはこの能力が依然として弱い。研究員たちがめざしているのは，既存の技術のロードマップがあって，そこからあらかじめ決まっている目標をクリアすることであるという。日本人技術者たちはその原因として，開発担当者に対する評価が短い期間を単位に行われ，また開発当初からコスト目標が厳格に適用されるために，短期で成果が上げられる予測可能な開発テーマしか採用されないことを挙げている[9]。

　またチャグクヒョンによれば，研究室から生まれた新たな化学物質の物性を理解して量産が可能なようにプロセスを設計することを「スケールアップ」と呼ぶ。これには高度な専門性はもちろん豊富な経験が求められるが，韓国の化学メーカーは外国から単純なターンキー方式によって導入した装置等を最適化して効率を最大化する能力には長けているが，スケールアップを行うには経験もなく未熟であるという（チャグクヒョン 2015, 355–356）。単に海外の技術を導入，改良するだけでなくまったく新たな機能性化学製品を開発・生産するためには，長期的な視野のもとで持続的に経験を蓄積していくほかはないが，そのためには企業の開発体制全体を転換する必要があるだろう。

3．圧縮型成長のゆがみの克服

これまでみてきたように，海洋プラントや機能性化学製品の事業を拡大する上でボトルネックとなっているのは開発部門，とくに開発の初期段階において新たなものを開発する経験の不足である。イジョンドンはこうした開発初期の段階を概念設計と呼んでいる。ここで概念設計とは，製品開発・ビジネスモデルを問わず，産業として解決すべき課題を定義づけ，その創意的な解決方法を提示することを指す。韓国企業は標準的技術はグローバル水準に到達しているが，概念設計の力量が不足している。概念設計は教科書やマニュアル，論文または特許によって明示的に表示されるものではなく，人や仕事の仕方などに体化されている。この知識を獲得するためには中長期的な展望をもって自ら試行錯誤を蓄積していく方法が最善である。アメリカやドイツ，日本などの先進国は，100年に及ぶ工業化の長い経験の過程でこうした概念設計の能力を蓄積してきた。他方，韓国企業は，これまで模倣キャッチアップ型のルーティンを維持し，経験の蓄積を重要視してこなかった。イジョンドンは，これは短期間で急成長を遂げてきた圧縮型発展の必然的な副作用であるという（イジョンドン 2015）。

李根によれば，IT 産業のように技術進歩のスピードの速い産業は後発国のキャッチアップのスピードも速くなるが，技術進歩のスピードが遅く過去の技術的蓄積が重要な産業はキャッチアップも遅くなる傾向がある（Lee 2013）。本章で紹介した海洋プラントや機能性化学製品などはまさに後者の例といえるだろう。かつて1980年代後半に服部民夫は，韓国の製造現場では圧縮型発展ゆえに経験に基づく熟練が必要となる加工型技術の発達が不十分で，熟練を相対的に必要としない組立型技術に偏重しているとして，韓国の工業化を「組立型工業化」と性格づけた（服部 1988）。現在の韓国の製造業，とくに重化学工業は製造現場における経験の不足は克服したかもしれないが，開発段階における経験の蓄積の不足という，圧縮型成長のもうひとつのゆがみを克服することを迫られている。

おわりに

2000年代に造船，鉄鋼，石油化学といった韓国の重化学工業は中国など新興国市場の拡大の機会をとらえて，積極的な設備投資によって生産を大幅に拡大させた。しかし，2010年前後から市況の悪化に加えて中国企業が急速に台頭したことにより，韓国企業の生産は停滞・縮小に転じて設備過剰に陥った。これは1970年代以降の日本の重化学工業と同じような状況であり，韓国は日本の経験を参考にしつつ構造調整を進めようとしている。しかし，日本が政府と業界が協調して設備廃棄等を実施したのに対して，韓国では政府が同様の調整を立案したものの，業界の激しい反発にあっている。また企業が自ら合併等を進めることもオーナー経営であるがゆえに難しく，構造調整は十分に進んでいない。他方で今後の成長のためには汎用品から高付加価値製品への転換や新たな事業への進出が欠かせないが，各企業とも短期間に急成長を遂げてきたゆえに概念設計や基本設計の経験の蓄積が十分でなく，容易ではないのが実情である。

2016年末から世界経済の景気回復を反映して，韓国の重化学工業製品の輸出は回復傾向にある。そのため鉄鋼や石油化学の場合，2017年に入ってから構造調整の気運は急速にしぼんでいる。しかし，本章で論じたような一部製品の供給過剰や中国企業の急速な追い上げという状況に変化があったわけではない。造船の場合，受注がもち直しつつあるといっても2010年代前半には遠く及んでいない。そのため企業の構造調整は進行中であり，今後，地方経済，とくに雇用や中小企業の経営に大きな影響が出てくることは避けがたい。

他方で重化学工業における製品開発の強化のためには経験の蓄積が必要であり，一朝一夕で実現するものではない。これを実現するには従来のように外国企業との合弁企業の設立や技術導入，または海外からの人材の招聘という方法もあるだろう。しかし，国際競争が激しくなっているなかで韓国企業に対する海外企業の警戒感も強まっており，それは必ずしも容易ではない。またそうした方法では十分に対処できない課題に韓国企業は直面しているといえる。やはり長期的な視野をもって，企業内の研究開発体

制を強化することはもちろん，企業間や大学・研究機関との協力関係を構築していくことが改めて重要になってくるであろう。

〔注〕
⑴　大宇重工業は1999年の大宇グループの破綻を受け，翌2000年に造船部門の大宇造船海洋と機械部門の大宇総合機械（現在の斗山インフラコア）に分割された。
⑵　天然ガスや原油などの開発プロジェクトの実施主体は，海運業者に対して輸送に最適な特定船舶を航路に複数はりつけてピストン輸送させる仕組みをつくるため，好況期における海運業者の新造船発注は同一船種を数隻，場合によっては10隻以上発注する傾向があるという（麻生 2013，336）。
⑶　韓進海運に対して債権金融機関は支援と引き換えに資産の売却とオーナーによる私財提供を求めた。しかし，その金額をめぐって両者は対立し，結局債権金融機関が支援を拒否したことにより2016年8月に韓進海運は法廷管理を申請せざるを得なくなった。支援拒否の背後には政府の強い意向があったとされる。ところが法廷管理申請直後から，すでに港湾使用料・荷役料等の滞納にあっていた各港の業者が韓進海運の船舶入港を拒否した。また入港済みの船舶に対して債権者による差し押さえも起こり，世界的なコンテナ物流の混乱を招いてしまった。政府と債権金融機関は裁判所からの緊急支援の要請を拒否し，韓進グループとオーナーに対して資金拠出を要求し続けた。結局，韓進グループとオーナーは資金拠出することを決定するも時すでに遅く，韓進海運は資産も劣化して再生は不可能と判断され，2017年2月に法的に清算された。このあいだ，韓国のコンテナ海上輸送能力は2016年8月の106万TEUから同年12月には51万TEUと59％も減少し，韓国の海運業は壊滅的な影響を受けた（『朝鮮日報』2017年2月6日）。韓進海運をめぐる一連の事態は，ドラスティックな構造調整を行う場合，政府が産業全体への影響を考慮に入れた政策を事前に十分に用意しておく必要があることを示している。
⑷　結局，STX造船海洋は2016年5月に日本の会社更生法の適用に相当する法定管理を申請した。
⑸　日本でも先に述べた1978年の特安法，1983年の産構法，1987年の経営安定法制定時に，合わせて雇用問題と地域経済全体の活性化のために法律を制定して対策を行った（小宮 1999，92）。改めて，この点も含めた日韓の構造調整政策の比較を行う予定である。
⑹　大宇造船海洋は当初からエンジン製造は行っていない。サムスン重工業は通貨危機後の2000年に船舶用エンジン事業を韓国重工業（現在の斗山重工業）に売却した。
⑺　2016年12月9日，日本の在造船専門家へのヒアリングに基づく。
⑻　2013年11月7日，韓国PTAメーカーでのヒアリングに基づく。
⑼　2013年11月5日，韓国内電子素材メーカーの日本人技術者2名とのヒアリングに基づく。

〔参考文献〕

＜日本語文献＞

麻生潤 2008.「造船：大量建造システムの移転と変容──環黄海トライアングルの形成──」塩地洋編『東アジア優位産業の競争力──その要因と競争・分業構造──』ミネルヴァ書房 50-81.

──── 2013.「船種別造船市場と韓国造船業」『同志社商学』64(5) 3月 325-338.

安倍誠 2012.「韓国鉄鋼業のキャッチアップ過程──イノベーションとその収束の視点から──」『現代韓国朝鮮研究』(12) 11月 15-28.

運輸省海上技術安全局造船課 1999.「不況対策以降の造船政策概観」『海運』(856) 1月 125-127.

具承桓・加藤寛之 2013.「日韓産業競争力転換のメカニズム──造船産業の事例──」『組織科学』46(4) 4-18.

小宮隆太郎 1992.「日本の産業調整援助」1992年10月（通商産業研究所 Discussion Paper Series ＃92-DOJ-44）.

──── 1999.『日本の産業・貿易の経済分析』東洋経済新報社.

東西貿易通信社編集部・SRI コンサルティング編 各年版.『東アジアの石油産業と石油化学工業』東西貿易通信社出版事業部.

服部民夫 1988.『韓国の経営発展』文眞堂.

平野創 2016.『日本の石油化学産業──勃興・構造不況から再成長へ──』名古屋大学出版会.

＜韓国語文献＞

이정동 ［イジョンドン］2015.「창조적 축적지향의 패러다임으로 바꾸어야 한다」［創造的蓄積志向のパラダイムに変えなければ］서울대학교공과대학 ［ソウル大学工科大学］『축적의 시간: Made in Korea 새로운 도전을 시작하자』［蓄積の時間：Made in Korea，新たな挑戦を始めよう］지식노마드 ［知識ノマド］21-56.

차국현 ［チャグクヒョン］2015.「중견기업을 히든챔피언으로 만드는 감동 스토리를 써라」［中堅企業をヒドゥンチャンピオンにする感動ストーリーを］서울대학교공과대학 ［ソウル大学工科大学］『축적의 시간: Made in Korea 새로운 도전을 시작하자』［蓄積の時間：Made in Korea，新たな挑戦を始めよう］지식노마드 ［知識ノマド］349-370.

호성인 ［ホンソンイン］2015.「조선산업의 글로벌 변화와 향후 전략」［造船産業のグローバル変化と今後の戦略］『KIET 産業経済情報』(606) 2月.

＜英語文献＞

Lee, Keun 2013. *Schumpeterian Analysis of Economic Catch-up: Knowledge, Path-creation, and the Middle-Income Trap*. Cambridge: Cambridge University Press.

第4章
高齢化と所得格差・貧困・再分配

渡 邉 雄 一

はじめに

　韓国の経済発展は，狭小な国内市場という制約条件から採用された輸出主導型の開発戦略によってこれまで支えられてきた。通貨危機やリーマン・ショックによる世界同時不況を経た現在でも，輸出促進は近年の内需不振のなかで景気の底割れを防ぐという意味において，依然として重要である。しかし，長期的な経済成長を考える場合，生産要素で決定される供給能力だけでなく，市場における需要制約を考慮に入れることが肝要になってくる。

　経済成長や国内需要の長期変動は，人口構造・規模や世帯構成・形成の変化といった人口学的な影響を受けるとされる。たとえば，大泉（2007）はアジアの経済発展やその持続可能性について人口構造の変化（人口ボーナスや少子高齢化）の側面から論じている。韓国では2000年代以降，出生率や人口増加率の低下，平均寿命の上昇などを背景として，日本と同様に少子高齢化の進展が広く認識されるようになった。ただし，韓国の少子高齢化は今後急速に進行していくとみられ，将来の労働力人口の減少や潜在成長力の鈍化，年金や医療など社会保障費の財政負担増といった問題が，前途に暗い影を落としている。

　通貨危機以降の韓国では，ジニ係数などでみた所得格差の拡大も深刻化

し，とりわけ近年では高齢者の貧困家計の増加が大きな社会問題となっている。公的年金などの老後の所得保障制度が成熟していないことがひとつの要因であるが，後述するように高齢者世帯の相対的貧困率は優に40％を超えて，国際的にも類をみない水準となっている。通貨危機以降，韓国政府はさまざまな福祉政策を講じてきたが，少子高齢化や格差拡大・貧困化にともなう社会保障制度の改革は，政府の財政負担という観点以外にも世代間における消費支出（負担）や所得移転にも大きな影響を与える。

　本稿では，韓国において急速に進展していく少子高齢化にともなう人口構造・世帯構成の変化をふまえ，所得不平等や貧困の状況について整理する。そして，高齢化と所得格差拡大の関連性についての議論を行うとともに，高齢者世帯の貧困化の問題を考察する。また，家計の所得構成や消費支出の特徴を年齢階級別に考察することで，高齢層の経済活動の特性について注目する。最後に，人口変動が与える経済的インパクトを世代間という視点でもとらえるべく，世代間移転の状況や所得再分配政策の効果などを検討し，所得格差や高齢者の貧困問題の改善に向けて考えられる方向性を提示してみたい。

第1節　少子高齢化にともなう人口構造・世帯構成の変化

　本節では，経済成長や潜在成長力，国内需要などマクロ経済変数の長期変動に影響を与えうる少子高齢化の推移について考察する。具体的には，人口構造の変動や世帯構成の変化について，長期推計データを用いて過去の推移や今後の展望を含めて整理を試みる。

1．人口構造の変化

　2016年現在の韓国は，生産年齢人口（15〜64歳人口）がピークを迎え，65歳以上人口の割合である高齢化率が13.5％と，高齢社会（高齢化率14％）の一歩手前まで迫っている。しかし，いまだに人口増加は続いており，日本

などに比べれば相対的に「若い」人口構造を保持している。図4-1は，年齢集団別の人口規模の推移を示している。これから明らかなように，韓国の総人口は2030年に至るまで増加を続け，すでに2010年にピークを迎えて人口減少社会に陥った日本とは20年の差を有する。65歳以上の老年人口は今後も増加の一途をたどるが，対照的に減少傾向の続く15歳未満の年少人口とは2016〜2017年にかけて規模の逆転が起こる[1]。ちょうどピークを迎えた生産年齢人口の推移と合わせて，現在の韓国は人口構造の転換点に立っているといえる。

生産年齢人口の比率は2012年（73.1%）にすでにピークを迎えており，いわゆる「人口ボーナス」から「人口オーナス」を享受する社会への転換が進んでいる。日本でもすでに生産年齢人口比率は1992年（69.8%）にピークを迎えているが，韓国は2060年時点で日本を下回る水準まで低下するため（韓国：49.7%，日本：50.9%），日本よりも短い期間でより大きな人口オーナスを経験することになる。一方，老年人口比率（高齢化率）は2060年まで

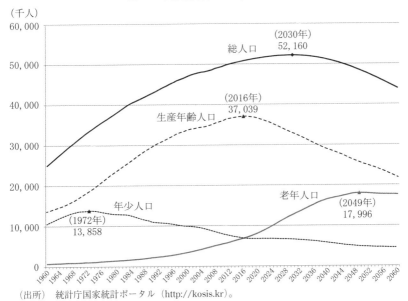

図4-1　年齢集団別人口規模の推移

（出所）　統計庁国家統計ポータル（http://kosis.kr）。

に日韓でほぼ同水準まで増大するとされるが、2017年から韓国のスピード（前年差）が日本を上回ることから、韓国はより短期間に大幅な高齢化を経験する。

　こうした今後予期される急激な高齢化の進展は、現役世代の人口に対する大幅な負担増に直結する。生産年齢人口に対する年少人口と老年人口の相対的な大きさを比較し、生産年齢人口の扶養負担の程度を表す指標として従属人口指数がある。それを示した図4-2によれば、韓国では1960年代における年少人口比率の高さや生産年齢人口比率の微減を反映して、1960年代まで従属人口指数は80％を超える高い水準にあった。しかし、1960年代中盤以降の年少人口比率の急激な減少と生産年齢人口の増加（図4-1）を受けて従属人口指数は減少をたどり、2012年に36.8％で底を打った後は、急速な高齢化の進展によって2060年には実に100％を超える水準にまで上昇する。日本は1992年に43.3％で底を打って以降、2060年（96.3％）に至るまで緩やかに増加していくのに比べて、韓国ではより短い期間でより大きな扶養負

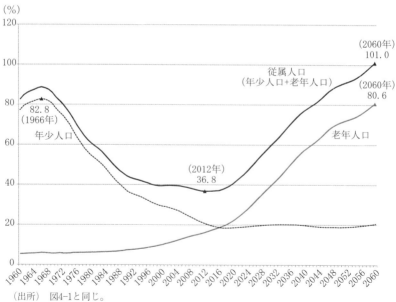

図4-2　従属人口指数の推移

（出所）　図4-1と同じ。

112

担の増加を経験することになる。

　年少人口の規模や比率の急激な減少の背景には，もちろん少子化の進行がある。公式統計のとれる1970年以降，出生数は減少傾向が続くとともに，合計特殊出生率（期間合計特殊出生率）も急速に低下してきた。合計特殊出生率とは，その年次の15歳から49歳までの女性の年齢別出生率を合計したもので，ひとりの女性が仮にその年次の年齢別出生率で一生のあいだに生むとしたときの子どもの数に相当する。2000年代以降は，韓国は日本よりも低位に推移する傾向が続いており，2005年にはともに最低水準を記録した（韓国：1.076，日本：1.26）。こうした急激な出生率の低下にともなう少子化の進行は，その後の生産年齢人口の減少や高齢化の進展と相まって，先述した従属人口指数の増加の一要因にもなっている。

2．世帯構成の変化

　つぎに，世帯構成や世帯形成の変化から少子高齢化の影響をみてみる。韓国でも日本などと同様に，これまで核家族化や単身世帯の増加などにともなって平均世帯員数は減少が続いており，世帯規模の縮小が進んでいる。また，全体の世帯数は増加し続けているものの，高齢世帯の増加や独立した世帯形成を行う若年・壮年層の減少から世帯主の平均年齢は上昇傾向にあり，とりわけ単身世帯での高齢化が進んでいる。

　表4-1は，世帯類型別の世帯数・比率の長期推移を示している。これによれば，世帯数は1990〜2015年までのあいだに66.3％増加し，2035年には1990年の2倍近くまで増大する。しかし，その構成には大きな変化がみられる。1990〜2035年のあいだに単身世帯の構成比は9.0％から34.3％に，夫婦のみ世帯は8.3％から22.7％に増加するのに対して，夫婦と子どもだけ世帯は51.9％から20.3％まで減少する（世帯数も減少）。すなわち，1990年時点で全世帯の半数以上が子どもをもつ核家族であったが，2035年には子どもをもたない，あるいは子どもと同居しない単身・夫婦のみ世帯が全体の半数以上を占めるようになる。

　次の表4-2は，世帯主の年齢グループ別に世帯数・比率の推移を示してい

表4-1　類型別の世帯数・

		1990年	1995年	2000年	2005年
類型別	単身	1,012 (9.0)	1,650 (12.7)	2,262 (15.6)	3,187 (20.0)
	夫婦のみ	932 (8.3)	1,405 (10.8)	1,786 (12.3)	2,268 (14.2)
	夫婦＋子供	5,840 (51.9)	6,559 (50.4)	6,987 (48.2)	6,744 (42.2)
	その他	3,461 (30.8)	3,404 (26.1)	3,472 (23.9)	3,772 (23.6)
合計		11,244 (100.0)	13,018 (100.0)	14,507 (100.0)	15,971 (100.0)

（出所）　図4-1と同じ。

表4-2　世帯主年齢別の世帯数・比率の推移

(千戸，(％))

		2000年	2005年	2010年	2015年	2020年	2025年	2030年	2035年
世帯主 年齢別	39歳以下	5,364 (37.0)	5,034 (31.5)	4,800 (27.6)	4,460 (23.8)	4,233 (21.3)	3,934 (18.8)	3,712 (17.1)	3,257 (14.6)
	40～64歳	7,410 (51.1)	8,505 (53.3)	9,473 (54.6)	10,393 (55.6)	10,873 (54.7)	10,831 (51.7)	10,315 (47.5)	9,979 (44.8)
	65歳以上	1,734 (11.9)	2,432 (15.2)	3,087 (17.8)	3,852 (20.6)	4,772 (24.0)	6,172 (29.5)	7,690 (35.4)	9,025 (40.5)
合計		14,507 (100.0)	15,971 (100.0)	17,359 (100.0)	18,705 (100.0)	19,878 (100.0)	20,937 (100.0)	21,717 (100.0)	22,261 (100.0)

（出所）　図4-1と同じ。

る。これをみると，2000～2035年のあいだに39歳以下の構成比は37.0％から14.6％に減少するのに対して（世帯数も39.3％減少），65歳以上の高齢者世帯は5倍以上に増加し，その構成比も11.9％から40.5％まで上昇する。表には示していないが，世帯主年齢別に世帯構成の変化をみると，2000～2035年のあいだに39歳以下では夫婦と子どもだけ世帯の構成比が51.6％から16.6％に激減し，一方で単身世帯が18.7％から51.6％に増大する。単身世帯の構成割合の増加は，世帯主年齢が40～64歳や65歳以上のグループでも同様にみられる現象である。つまり，おもに単身世帯化による世帯規模の縮小はどの年齢層においても起きていることであり，このことが世帯数自体の増大を

比率の推移

(千戸,（％）)

2010年	2015年	2020年	2025年	2030年	2035年
4,153 (23.9)	5,061 (27.1)	5,877 (29.6)	6,561 (31.3)	7,091 (32.7)	7,628 (34.3)
2,666 (15.4)	3,179 (17.0)	3,704 (18.6)	4,264 (20.4)	4,756 (21.9)	5,053 (22.7)
6,427 (37.0)	6,059 (32.4)	5,651 (28.4)	5,264 (25.1)	4,892 (22.5)	4,509 (20.3)
4,113 (23.7)	4,406 (23.6)	4,647 (23.4)	4,848 (23.2)	4,977 (22.9)	5,071 (22.8)
17,359 (100.0)	18,705 (100.0)	19,878 (100.0)	20,937 (100.0)	21,717 (100.0)	22,261 (100.0)

促している。

　以上のように，現在の韓国の人口構造は，生産年齢人口の規模や高齢化率などの面において転換点に差し掛かっており，今後は圧縮された構造変化を経験していくことが予想される。一方で，少子化の進行にはなかなか好転の兆しがみられない。世帯構成は単身世帯の増加などにともなって世帯規模の縮小が進んでいるものの，全体の世帯数は今後も増加が見込まれる。なかでも，高齢者世帯の増加とその単身化が今後顕著に進むことが大きな特徴である。

第2節　少子高齢化と所得格差・貧困

　前節でみたような少子高齢化にともなう人口構造や世帯構成の変化などの人口学的な変動は，韓国社会の所得格差や貧困にどのような影響を及ぼすのであろうか。韓国における所得格差の研究では，世帯主の雇用・就業の不安定化（臨時・日雇いなど非正規職や自営業の増加）といった労働市場における要因がこれまで指摘されてきた。ただし，近年では高齢者世帯や母子世帯，1世代世帯の増加といった世帯構成の多様化も所得不平等を拡大させる要因として台頭している（パンジョンホ 2011）。とりわけ，単身や夫

115

婦のみからなる高齢者世帯の増加，子どもと同居する高齢者世帯の減少は，子どもからの所得移転効果の弱化をともなって，高齢者の貧困率を高める要因として作用している（パクギョンスク・キムミソン 2016）。

　本節では，少子高齢化との関係性が指摘される所得格差や貧困の状況について，関連する統計データを参照しながらそれらの動向を把握する。また，とくに高齢化による人口構造の変化が所得格差の拡大や貧困化にどの程度の影響を及ぼしているのかについて，先行研究での議論などを整理してみたい。

1．所得格差の動向と高齢化との関連

　所得格差の程度を測る指標として代表的なものには，ジニ係数がある。ジニ係数はすべての個人や世帯が同じ所得を得ている場合には 0（完全平等），ある一個人や一世帯のみが全所得を独占している場合には 1（完全不平等）をとるため，1 に近づくほど不平等度が増大していく。韓国のジニ係数は1990～2000年代にかけて，とくに通貨危機後に上昇の一途をたどり，リーマン・ショックの起こった2008～2009年をピークに近年は所得格差が全体的には改善する傾向がみられる。それでも，近年のジニ係数は通貨危機以前の水準までには回復していないのが現状である。

　その様子を示したものが図4-3であり，ここでは所得要素別に可処分所得ベース[2]と勤労所得ベースでのジニ係数の推移を示している。2 人以上世帯の指標に単身世帯を含めると不平等度が増大することが確認されるが，これは引退した高齢者など非勤労者の単身世帯によるインパクトが大きいためと考えられる。注目すべきは，都市部と全国レベルでともに勤労所得と可処分所得のジニ係数は類似したパターンで推移していることである。勤労所得と可処分所得のジニ係数の推移が類似している背景には，勤労所得のなかでも賃金所得の変化と高い連関性があることが影響している（チョンビョンユ 2016）。つまり，可処分所得でみた所得不平等は，労働市場における賃金格差の変動に大きく影響されてきたと考えられる[3]。通貨危機後の韓国では，政府主導で構造改革が実施されたことで労働市場の流動化や雇用

第4章 高齢化と所得格差・貧困・再分配

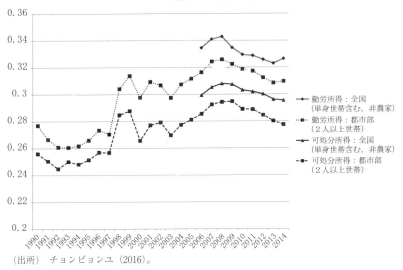

図4-3 所得別ジニ係数の推移

(出所) チョンビョンユ (2016)。

構造・環境の不安定化がもたらされた。そうした急激な労働市場の変化によって中間層や低所得者層の勤労所得減，全体の賃金格差の増大が広がったことで，所得格差の拡大に直結していった（チャンジョン・イビョンヒ 2013）。

また，図4-3に示される勤労所得と可処分所得のジニ係数の差は，再分配効果と考えることができる。通貨危機後の2000年代以降には，1990年代よりも再分配効果が大きく改善された。ただし，2000年代前半以降の可処分所得の格差は，租税や社会保険負担の累進性の変化とは無関係に起きているという指摘があり（チョンビョンユ 2016），その時期の再分配効果の改善はおもに（私的・公的）所得移転によってなされた可能性が示唆される。

では，年齢層別にはどのような差異や変化がみられるのであろうか。世帯主の年齢集団別のジニ係数（可処分所得ベース）の推移を示した図4-4によれば，勤労年齢（19〜64歳）や全体では所得格差は近年改善しており，図4-3で示された傾向と整合的である。しかし，高齢者（65歳以上）では所得格差は拡大する傾向にある。高齢者世帯における単身化の動きが近年進行して

117

いるのに合わせて、とりわけ高齢単身世帯内における所得不平等の悪化が顕著に進んでいる。人口高齢化の展開で韓国より先を進む日本では、2000年代以降に所得格差の拡大が進行した。その背景には雇用の非正規職化といった労働市場の変化に加えて、人口の年齢構造の変化（高齢化）や世帯の構成変化・規模縮小（単身や夫婦のみの高齢者世帯の増加、単身世帯や無業・無職世帯の増加・貧困化）の影響が大きいとされてきた（大竹 2005；橘木・浦川 2006）。

　先述のように、韓国の所得不平等の悪化はおもに労働市場における賃金格差によってもたらされたものの、高齢化との関連でも1990年代後半以降、人口構造の変動による所得格差への影響が増大している（ソンミョンジェ・パクギベク 2009）。たとえば、1990～2010年のあいだに拡大した所得格差のうち、25％程度は高齢化による人口構造の変化によって説明される（ホンソクチョル・チョンハンギョン 2013）。ホンソクチョル・チョンハンギョン（2013）は、年齢の上昇とともに所得不平等度が上がっていく度合いが経年的に増加しているという分析結果も示している。これは、高齢世帯になるほど就

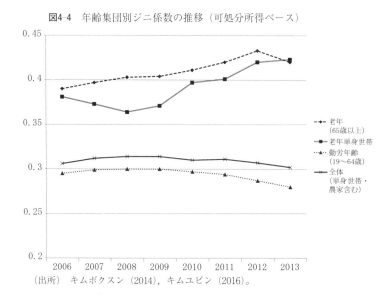

図4-4　年齢集団別ジニ係数の推移（可処分所得ベース）

（出所）キムボクスン（2014），キムユビン（2016）。

業率が低くなるので,同世帯内における勤労所得の格差が増大し,日本のように高齢者世帯の増加とともに所得格差の拡大が進むことを示唆している。

2. 貧困率の動向と高齢者貧困問題の背景

つぎに,所得格差と関連する貧困の動向についてみてみる。貧困状況を把握する代表的な指標には,国際比較などでよく用いられる相対的貧困率がある。相対的貧困率は,対象とする集団の等価可処分所得(世帯の可処分所得を世帯人員の平方根で除して調整した所得)の分布から,その中央値の50%を貧困線として定義し,それを下回る場合を貧困状態として算出される[4]。韓国の相対的貧困率は2000年代以降,全体でみれば日本よりもやや低めに推移してきた。しかし,高齢者世帯に限ってみれば,OECD諸国のなかでも最も高い水準にある。

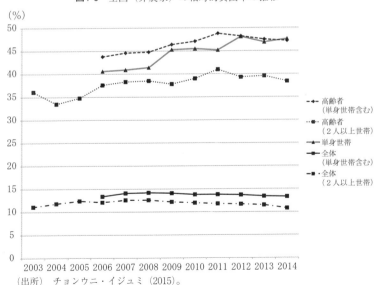

図4-5 全国(非農家)の相対的貧困率の推移

(出所) チョンウニ・イジュミ(2015)。

韓国の相対的貧困率の推移は図4-5に示されるが，全体の貧困率は2000年代以降横ばいか若干減少する様相を示していることがわかる。しかし，高齢者世帯や単身世帯では貧困率は上昇傾向にあり，その数値は40％台と圧倒的に高い[5]。図4-5には示されていないが，単身高齢者の相対的貧困率は70％を超えるとされ，高齢者の貧困化は単身世帯に集中している（キムボクスン 2014）。韓国の高齢者貧困率が国際的にも高いのには，65歳以上の退職世代の相対所得（等価可処分所得基準）が，ほかの年齢階級およびほかの先進諸国に比べて激しく落ち込むことに起因すると考えられる（OECD 2008）。

　渡邉・曺（2016）によれば，現役世帯に比べて高齢者世帯で貧困率が高まる背景には，定年退職や引退，身体的な衰えや健康状態の悪化などによって労働市場における稼得能力が減少するとともに，配偶者との死別や離別によって所得水準が低下することなどが関連している。韓国では，伝統的に強固であった高齢者に対する家族の扶養・介護意識が通貨危機以降に急激に弱化している。そうしたなかで，高齢者の労働力率は他国に比べて高い水準にあるものの，その多くが不安定な自営業や低賃金な単純労務職である。子どもや家族への援助依存度は高いとされるが，公的年金制度が給付面で成熟段階に至っていないことや，公的年金の恩恵を享受できない低所得者層向けの老後の所得保障も十分でないといった問題を抱えている。こうした現状に改善がみられなければ，今後の高齢化の進展は高齢者貧困率のさらなる上昇や高止まりをもたらすことになろう。

第3節　家計の経済行動──所得構成・消費支出──

　前節でみたように，世帯の所得格差や貧困率の動向は高齢化そのものよりも，労働市場における賃金格差の変動に大きく影響されてきた。高齢化はむしろ，そうした勤労所得の格差拡大を助長するような構造変化と考えることもできる。一方で，労働市場における稼得能力が減退する高齢者世帯にとっては，公的年金や家族内での経済支援といった公的・私的移転所得の変化も，格差や貧困の問題を考える上で重要な要素となる。

第4章　高齢化と所得格差・貧困・再分配

　本節では，所得や消費といった家計の経済活動にみられる年齢別の特徴
やその違いについて，統計庁が実施する「家計動向調査」の統計を利用し
て考察する。具体的には，家計の所得構成や消費支出の特徴を年齢階級別
に考察することで，主として高齢層の経済活動の特性について注目してみ
たい。

1．家計の所得構成

　韓国における家計の所得構成は，2000年代以降には全体的に勤労所得や
移転所得の比重が高まってきたのに対して，事業所得の割合は低下する推
移を示している。ここでは表4-3に示されるように，2015年の月平均所得額
および所得構成の割合について，世帯主の年齢階級別にみてみる。表4-3は
全国の2人以上世帯を対象としているが(6)，世帯主の年齢階級を問わず勤労
者世帯の所得源は勤労所得に大きく依存する一方で，非勤労者世帯では事
業所得がおもな所得源となっており，次いで勤労所得や移転所得から構成
される傾向がみられる。全世帯平均の特徴は，39歳以下世帯から50歳代世
帯でも同様にみられるが，全体でみると勤労所得の比重は世帯主年齢が高
くなるにつれて低減する。

　他方，60歳以上世帯の所得構成の特徴は，ほかの年齢階級とは大きく異
なる。所得額は稼得能力の減退によって著しく減少するが，これは勤労所
得の割合の減少が大きく作用しているとみられる。その一方で，移転所得

表4-3　世帯主年齢階級別の月平均所得額・構成割合（2015年）

（千ウォン，（％））

	39歳以下	40〜49歳	50〜59歳	60歳以上	全世帯平均
所得額	4,316	4,959	5,055	3,004	4,373
勤労所得	(75.9)	(70.4)	(68.8)	(44.0)	(66.7)
事業所得	(12.9)	(20.0)	(22.0)	(21.7)	(19.3)
財産所得	(0.1)	(0.2)	(0.3)	(1.5)	(0.5)
移転所得	(7.7)	(7.1)	(5.3)	(26.9)	(10.0)
非経常所得	(3.4)	(2.3)	(3.6)	(5.9)	(3.5)

（出所）　図4-1と同じ。

121

表4-4 非貧困・貧困高齢者世帯の所得構成の推移

(%)

	所得構成	2006年	2007年	2008年	2009年	2010年	2011年	2012年	2013年
非貧困高齢者世帯	勤労所得	51.1	49.8	49.1	51.0	52.2	51.9	53.1	51.1
	事業所得	24.1	23.2	23.9	23.8	22.9	22.5	21.4	20.6
	財産所得	1.2	1.7	1.5	1.1	1.1	1.1	1.8	2.0
	私的移転	12.9	13.0	12.9	9.7	8.7	8.9	8.7	9.1
	公的移転	10.7	12.3	12.6	14.4	15.1	15.5	15.0	17.3
	合計	100.0	100.0	100.0	100.0	100.0	100.0	100.0	100.0
貧困高齢者世帯	勤労所得	21.4	21.2	21.4	21.8	19.7	17.5	17.2	15.3
	事業所得	15.6	15.3	12.0	11.2	11.4	10.3	11.5	13.5
	財産所得	1.0	1.2	1.3	1.0	1.4	1.0	1.4	2.0
	私的移転	38.1	37.5	34.0	28.1	29.5	30.2	26.1	23.4
	公的移転	23.9	24.8	31.3	37.9	38.0	41.0	43.9	45.8
	合計	100.0	100.0	100.0	100.0	100.0	100.0	100.0	100.0

(出所) イムワンソプ (2015)。

の比重増大が注目され，とりわけ非勤労者世帯では事業所得とともに移転所得が3分の1以上を占める。ただし，60歳以上世帯でも勤労所得を主たる所得源としている状況に変わりはなく，現状の限定的な老後の所得保障体系で高齢層の世帯が所得増加を図るには，勤労所得や事業所得を高めることが重要であることを示唆している。

　それでは，ほかの年齢階級とは異なる所得構成の特徴を有する高齢層の世帯において，貧困状態であるか否かによって所得構成にも何らかの違いがみられるのであろうか。表4-4は高齢者世帯を非貧困家計と貧困家計に区分して，それぞれの所得構成割合の推移を示している（貧困線は最低生計費基準）。これによれば，高齢非貧困世帯では勤労所得と事業所得に大きく依存しつつも，移転所得の構成比が近年わずかに増加する傾向にある。移転所得は私的・公的移転に分けられるが，私的移転の比重は減少してきたのに対して，公的移転は増加傾向にある。

　一方，高齢貧困世帯では移転所得に大きく依存し，なかでも公的移転の比重が高い。10年ほど前までは私的移転が公的移転を上回っていたが，近年は私的移転の減少と公的移転の増大によって両者は逆転している。この

ことは，子どもなど家族からの経済的援助が減少していくなかで，基礎（老齢）年金や公的扶助といった高齢貧困世帯向けの福祉政策は拡充してきたことを物語っている。ただし，現状の高い高齢者貧困率にかんがみれば，それら施策は高齢者の貧困脱却を促すほどの効力をもっているわけではないことが推察される。高齢貧困世帯では勤労所得や事業所得の構成比は相対的に低く，かつ減少傾向にあるため，労働市場における稼得能力の有無が貧困に陥るかどうかの分水嶺になっていると考えられよう。

2．家計の消費支出

つぎに，家計は世帯員が獲得した所得をどのような支出項目に振り分けて，消費を行っているのであろうか。「家計動向調査」によれば，可処分所得のうちで消費支出の割合を表す平均消費性向は，全体的に近年大きく低下してきている。これは，租税や社会保障負担，借入金の利払いといった消費を目的としない非消費支出の増加や貯蓄増などが理由として考えられる。また，年齢階級別にみると，若い世代に比べて中高年層の平均消費性向は低く，それだけ非消費支出の負担が中高年齢の世帯にとって重くなっていることが推察される。

ここでは2015年の月平均消費・非消費支出額および主要な支出項目の構成割合について，世帯主の年齢階級別にみてみる。それを示した表4-5（全国の2人以上世帯を対象）によれば[7]，全世帯平均でみた支出項目で相対的に比重が大きいのは食料品・（非酒類）飲料や飲食・宿泊である。ただし，年齢階級別には消費行動の特徴に違いがみられる。39歳以下世帯では飲食・宿泊を超えて交通費の割合が最も大きいのに対して，40歳代世帯になると子女の教育費に最も多くが投じられている。50歳代世帯は全世帯平均の姿と近いものがあるが，60歳以上世帯になると食料品・（非酒類）飲料や住居・水道・光熱費といった生活にとって基礎的な支出項目が最も多くを占めるようになる。また，60歳以上の高齢世帯では教育支出がほとんど行われない一方で，保健（医療）費の割合がほかの年齢階級よりも大きいことが特徴的である。

123

表4-5 世帯主年齢階級別の月平均（非）消費支出額・主要項目構成割合（2015年）

（千ウォン，（%））

	39歳以下	40〜49歳	50〜59歳	60歳以上	全世帯平均
消費支出額	2,605	3,044	2,747	1,729	2,563
食料品・飲料	(12.4)	(12.8)	(13.2)	(18.9)	(13.8)
住居・水道・光熱	(11.3)	(9.2)	(10.7)	(14.1)	(10.8)
保健	(6.0)	(5.7)	(6.4)	(10.9)	(6.8)
交通	(15.0)	(10.9)	(12.5)	(13.2)	(12.5)
教育	(7.7)	(17.9)	(10.0)	(1.6)	(11.1)
飲食・宿泊	(13.6)	(13.2)	(14.4)	(11.1)	(13.2)
非消費支出額	753	925	1,003	523	810
平均消費性向	(73.1)	(75.5)	(67.8)	(69.7)	(71.9)

（出所）　図4-1と同じ。

　貧困確率の高まる高齢層の非勤労者世帯ではとくに所得が大きく落ち込むことが明らかにされており，非消費支出や基礎的支出の負担も大きくなるため，今後の高齢化の進展による保健（医療）費の増大は，低所得の高齢家計をより圧迫していくかもしれない。健康状態の悪化は保健・医療費の支出を押し上げるばかりか，労働市場への参加をより困難なものにし，結果として高齢者が貧困状態に陥りやすいという研究結果もある（渡邉・曺2016）。高齢期においても労働市場への参加を通じて稼得能力を維持することの重要性は，消費の側面からも示唆されよう。

第4節　世代間移転と所得再分配政策の効果

　前節まででみてきた勤労者世帯や高齢者世帯などにおける所得格差や貧困率の動向，年齢階級別での家計の所得構成や消費支出の特徴は，同世代内および同世代の世帯内における議論の域を出ない。もうひとつの見方として，ある世代が稼得した所得を消費支出に回したり，租税や社会保障負担として分配することで，ほかの世代や当該世代はどのような影響や恩恵を受けるのであろうか。そうした世代間における所得の移転や分配を考慮

することで，国民経済全体ではどのような世代間の資金循環がなされているのであろうか。

本節では，国民移転勘定（NTA：National Transfer Accounts）を通じてみえてくる世代間移転の状況について，おもに既存研究における分析や議論を整理して，その特徴を把握する。そして，世代間における所得移転や分配を租税や社会保障という枠組みを通して政府が行う，所得再分配政策の効果について考察する。

1. 世代間移転の状況

国民移転勘定（NTA）とは，国民所得勘定のなかに年齢の概念を加えることによって，年齢別に所得や消費，資産や公的・私的移転などを把握するためのシステムである。人口の年齢構造変化が与える経済的インパクトを世代間という視点でとらえることを目的としており，近年国際的にも研究が盛んに行われている。NTA の算出に用いられるデータソースは，家計動向調査や労働パネル調査などのミクロデータだけでなく，国民経済計算における国民所得勘定や年金・医療保険統計といったマクロデータなど多岐にわたる。

NTA では，年齢別の消費規模および労働所得プロファイルに基づいて，生涯経費（lifecycle deficit）が算出される。それらの概念図を示したものが図4-6である。生涯経費は消費から労働所得を差し引くことで算出されるが，生涯経費がプラスであることは，労働所得（生産）より多くの消費を行うことを表しており，おもに若年層や高齢層の経済行動に当てはまる。逆に生涯経費がマイナスであることは，消費よりも多くの労働所得を得ていることを意味しており，おもに青年・壮年層の経済行動に当てはまる。そして後述するように，おもに青年・壮年期に労働所得が消費規模を上回る余剰分は公的・私的移転や資産再配分として若年層や高齢層に再分配される。

韓国におけるひとり当たり生涯経費および消費と労働所得の規模を，年齢集団別に示したものが表4-6である。これによれば，消費規模はどの年齢集団でも経年的に増加する傾向にあり，とりわけ若年層は３つの年齢集団

図4-6 国民移転勘定(NTA)の概念図

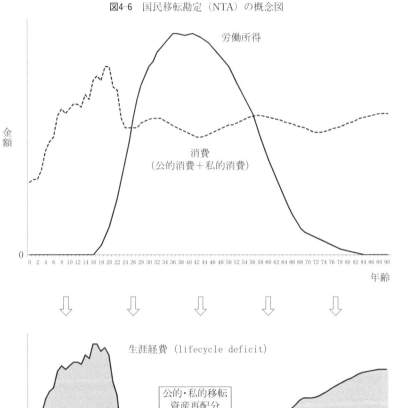

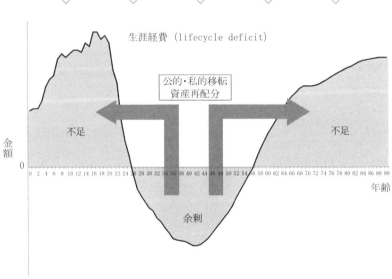

(出所) 筆者作成。

第 4 章　高齢化と所得格差・貧困・再分配

表4-6　年齢集団別ひとり当たり生涯経費と消費・労働所得

(千ウォン)

	若年層 (0〜19歳)	青年・壮年層 (20〜64歳)	高齢層 (65歳〜)
2006年			
生涯経費	**10,952.3**	**−3,666.4**	**8,239.2**
消費	11,124.4	10,706.7	9,846.0
(公的)	3,759.1	2,279.3	3,078.9
(私的)	7,365.3	8,427.4	6,767.1
労働所得	172.1	14,373.1	1,606.8
2009年			
生涯経費	**13,452.9**	**−3,793.7**	**10,638.7**
消費	13,600.6	12,431.6	12,119.9
(公的)	4,812.3	2,829.3	4,366.5
(私的)	8,788.3	9,602.3	7,753.4
労働所得	147.7	16,225.4	1,481.2
2011年			
生涯経費	**14,770.4**	**−3,964.6**	**11,723.0**
消費	15,000.4	13,953.2	13,609.0
(公的)	5,268.5	3,113.3	4,943.1
(私的)	9,731.9	10,839.9	8,665.9
労働所得	229.9	17,917.8	1,886.0

(出所)　ファンナミ・イサンヒョブ・ヤンチャンミ (2014)。

のなかで最も消費規模が高く，その増加も著しい。ファンナミ・イサンヒョ
プ・ヤンチャンミ (2014) によれば，若年層の消費規模が大きい要因には，
大学進学などにかかる教育消費が大きな比重を占めていることがある。ま
た，高齢層の消費規模も近年伸びている背景には，とくに75歳以上の後期
高齢者の保健医療消費が増えていることがある。公私別には，公的消費で
は若年層と高齢層が高いのに対して，私的消費では青年・壮年層が最も高
くなっている。

　労働所得は青年・壮年層で最も高い規模を示しているとともに，リーマ
ン・ショックの時期を挟んでいるにもかかわらず，その増加幅もほかの年
齢集団と比べて堅調である。青年・壮年層の労働所得が伸びている背景に
は，おもに30〜40代の労働力人口の増加や賃金の改善のほか，50〜60代での

127

労働所得の増大がある（ファンナミ・イサンヒョプ・ヤンチャンミ 2014）[8]。若年層での旺盛な教育支出と高齢層における労働所得の高まりを反映して，生涯経費は若年層の方が高齢層よりも規模が大きいが，これは日本などとは異なる現象である（Ogawa, Matsukura and Chawla 2011）。また，ファンナミ・イサンヒョプ・ヤンチャンミ（2014）で指摘されるように，生涯経費がマイナス（余剰）に振れる期間は25〜56歳の32年間と相対的に短いが[9]，これは韓国では定年退職年齢が平均的に早いことが明らかに関係している。

　世代間移転の状況を明示的にするため，表4-6で示された年齢集団別のひとり当たり生涯経費を資産再配分[10]，公的移転，私的移転に分解したものが表4-7である。これによれば，若年層は私的移転と公的移転に大きく依存しており，とくに私的移転については教育消費などの増大によって近年の増加が著しい。高齢層は公的移転と資産再配分に依存する傾向が強く，とりわけ近年の高齢者福祉政策の拡充によって後期高齢者への公的移転が急

表4-7　年齢集団別ひとり当たり生涯経費と世代間移転

（千ウォン）

	若年層 （0〜19歳）	青年・壮年層 （20〜64歳）	高齢層 （65歳〜）
2006年			
生涯経費	**10,952.3**	**−3,666.4**	**8,239.2**
資産再配分	−339.4	1,474.8	3,529.1
公的移転	3,464.5	−1,718.8	3,131.6
私的移転	7,827.3	−3,356.4	1,578.5
2009年			
生涯経費	**13,452.9**	**−3,793.7**	**10,638.7**
資産再配分	−38.4	2,125.2	4,298.4
公的移転	4,424.0	−2,417.3	5,722.3
私的移転	9,067.3	−3,391.2	618.0
2011年			
生涯経費	**14,770.4**	**−3,964.6**	**11,723.0**
資産再配分	−249.0	2,752.6	3,023.1
公的移転	4,893.8	−2,740.1	6,463.0
私的移転	10,125.7	−3,932.9	2,236.9

（出所）　ファンナミ・イサンヒョプ・ヤンチャンミ（2014）。

速に伸びている（ファンナミ・イサンヒョプ・ヤンチャンミ 2014）。高齢層への公的移転の流入規模は，2009年から若年層へのそれよりも大きくなっている。一方で，高齢者への私的移転や資産再配分の伸びは緩慢であるが，これには高齢層への公的移転の増大が私的移転をクラウディング・アウトしている可能性が示唆される。他方，青年・壮年層は若年層や高齢層への私的移転および公的移転に寄与する役割を果たしている[11]。また，資産再配分では近年30～40代以降での流入が増えていることもあり（ファンナミ・イサンヒョプ・ヤンチャンミ 2014），青年・壮年層の資産蓄積規模は高齢層のそれに迫る勢いを示している。

このようにNTAでみる世代間移転の状況は，青年・壮年層から高齢層への私的移転や高齢層の資産再配分が伸び悩む一方で，高齢層は労働所得を高めてはいるものの，公的移転の流入が着実に増大している。つまり，高齢者家計にとって公的移転が占める重要性は確実に高まってきている。

2．所得再分配政策の効果

公的年金や公的扶助の給付といった高齢層への公的移転の増加は，社会保障制度の拡充であると同時に所得再分配を強化する役割も担っている。それでは，そのような公的移転や租税といった所得再分配政策は，これまで十分に機能してきたのであろうか。所得再分配政策による改善度や効率度の推移を示した表4-8を用いて，所得再分配政策の効果について検討してみる。

所得再分配前後のジニ係数の変化分として表される改善度は，全体的には公的移転で上昇する一方，租税等では若干ではあるが悪化する傾向にある（表4-8）。また，公的移転は現役世帯よりも高齢者世帯で高い効果を発揮している。しかし，改善度を可処分所得に占める比重で除した効率度をみると，現役世帯での公的移転の効率性は上昇してきた一方で，高齢者世帯への公的移転の効率性は低下してきている。これは期間内に公的移転所得の比重が増大したにもかかわらず，それに見合うほど改善度は高まっていないことを示唆している。

129

表4-8 所得再分配政策による改善度・効率度の推移

	改善度				効率度			
	現役世帯		高齢者世帯		現役世帯		高齢者世帯	
	公的移転	租税等	公的移転	租税等	公的移転	租税等	公的移転	租税等
2003	0.006	0.005	0.078	−0.006	0.273	0.067	0.388	−0.150
2004	0.007	0.006	0.078	−0.003	0.318	0.077	0.433	−0.068
2005	0.009	0.005	0.075	−0.007	0.310	0.064	0.383	−0.156
2006	0.010	0.006	0.078	−0.005	0.333	0.075	0.373	−0.089
2007	0.012	0.007	0.072	−0.001	0.343	0.079	0.321	−0.015
2008	0.013	0.007	0.072	−0.004	0.342	0.080	0.303	−0.049
2009	0.015	0.003	0.082	−0.005	0.366	0.033	0.300	−0.075
2010	0.016	0.002	0.088	−0.002	0.400	0.022	0.289	−0.022
2011	0.016	0.001	0.087	0.001	0.381	0.010	0.298	0.013

(出所) パンジョンホ (2013)。

　租税等に至っては，全体的に公的移転よりも改善度が低いばかりか，高齢者世帯では租税政策を通じてむしろ所得不平等が悪化し続けてきた。租税等による所得再分配の効率度も公的移転より大幅に低く，近年では大きく低下もしくは悪化する様相を示している。これらは，租税や社会保障負担などが所得再分配機能に占める割合が低いことや，課税や社会保険料負担の累進性が弱い（逆進性が強い）構造的な問題によるものと考えられる。

　このように社会保障や租税などの所得再分配政策は，とくに高齢者世帯に対しては一定程度機能しているものの，近年の公的移転の増大に見合うほどの効力はいまだ発揮できておらず，公的年金などの福祉制度が未成熟であることのひとつの証左になっている。そして，そのことは高齢者世帯における所得格差の拡大や高い貧困率となって表れていると同時に，公的な老後所得保障の脆弱性を露呈している。

おわりに

　韓国では今後の急速な少子高齢化の進展や高齢者世帯における単身化の

動きとともに，政府による公的移転や家族内での私的移転へのアクセスが不十分な高齢者が増大することで，高齢層の所得格差や貧困問題は構造化していく可能性が大きい。現状においてもみられる，高齢者世帯での所得不平等の悪化や貧困率の上昇は，政府の社会保障や再分配政策および家族福祉・保障の機能不全とみるべきであろうか。

　先述のように，韓国では公的年金など社会保障体系の歴史が浅く，浸透してまもない。また，財政の規律や持続可能性を重視した福祉戦略によって，老後の所得保障体系は限定的かつ脆弱な側面をもっていることは否めない。こうした現状を改善するべく，高齢層への移転所得を増大させるような社会保障や再分配政策の機能強化を図ることはひとつの選択肢かもしれない。一方で，高齢者世帯が所得増加を図るには勤労所得や事業所得を高めることがより重要であることや，労働市場における稼得能力の有無が貧困に陥るかどうかの分水嶺になっていることが示唆される。こうした点にもかんがみれば，中高齢層の参入や継続を阻むような労働市場や雇用制度の改善を図るのに注力することはより重要であろう。高齢者の雇用や就労を拡大・促進させて，勤労所得の増大を図ることが格差是正と貧困解消により近づくのかもしれない。

　高齢社会を迎える韓国では，財源とのバランスのなかで高齢者の所得保障制度をいかに充実させていくかという長期的な問題とともに，成長戦略の観点からも高齢者人材を労働力としていかに活用していくかが重要な課題になりつつある。

〔注〕
(1) 年少人口と老年人口の比率が逆転する時期についても2016～2017年とされ，日本ではすでに1996～1997年にかけて起こっているため，ここでも日韓で20年の差がみられる。
(2) 可処分所得は以下のように計算される。可処分所得＝勤労所得＋事業所得＋財産所得＋私的移転所得＋公的移転所得－非消費支出。ここで，勤労所得とは個人の勤労に基づいて得られる所得であり，給与・賃金・報酬などを指す。事業所得とは，農・漁業，製造業，卸売・小売業，サービス業やその他事業を営む個人のその事業から生じる所得を指す。財産所得とは，財産や資産の所有・運用によって発生する所得であり，地代・利子・配当などが含まれる。私的移転所得とは，家族や親族・

親戚などからの仕送りや援助金のことを指す。公的移転所得とは，公的年金や公的扶助などの受給を意味する。非消費支出とは，租税負担や社会保険料などの社会保障負担を指す。

⑶　2000年代末以降，可処分所得および勤労所得ベースでみたジニ係数が減少している動きも，労働市場における賃金格差が緩和されてきていることがおもな理由である（チョンビョンユ 2016）。また，労働力人口の増加によって家計の勤労所得の増大がもたらされたことで中間層が増えたことや，公的扶助や基礎（老齢）年金などの社会保障政策が拡充されたことも所得不平等の改善に寄与していると考えられる。

⑷　各国の公的扶助制度などに基づいて決められる生活保護基準や最低生計費（最低生活費）を貧困線として算出される，絶対的貧困率という指標もある。絶対的貧困率は相対的貧困率の算出の根拠となる中位所得の3～4割とされるため，相対的貧困率は貧困世帯をより多く捕捉するやや厳しめの指標であるといえる。

⑸　絶対的貧困線でみた高齢者世帯や単身世帯の貧困率は，20～30%台前半と数値こそ下がるものの，同様のトレンドを示している。

⑹　ここでは単身世帯が除外されているが，単身世帯の所得構成の割合はここでの60歳以上世帯の場合と類似している。ただし，主要な所得源の割合は60歳以上世帯のそれよりも若干高まる特徴がみられる。

⑺　ここでは単身世帯が除外されているが，単身世帯の消費支出構成の割合はここでの60歳以上世帯の場合と類似している。つまり，単身世帯では食料品・（非酒類）飲料や住居・水道・光熱費といった基礎的支出の比重が高い。

⑻　ただし，韓国の労働所得は20代から上昇するも，ピークを40代前半頃に迎え，40代後半からは減少に転じる。これはほかの先進諸国と比べて，かなり早いことが指摘されている（An et al. 2011）。

⑼　日本で生涯経費がマイナスに振れる期間は，2004年には26～59歳である（Ogawa, Matsukura and Chawla 2011）。

⑽　ここでの資産再配分とは，資産所得と貯蓄の差を表しているが，そこには貯金の取り崩しや退職金の引き出し，個人・企業年金の運用，借入金なども反映されている。

⑾　日本では1990年代以降の景気低迷や雇用情勢の悪化を反映して，青年・壮年層から高齢層への私的移転が減少する一方で，逆に60～70代前半の高齢者層から若年・青年層への私的移転は増大するという現象が起こった（Ogawa, Matsukura and Chawla 2011）。

〔参考文献〕

＜日本語文献＞

大泉啓一郎 2007.『老いてゆくアジア──繁栄の構図が変わるとき──』中央公論新社.

大竹文雄 2005.『日本の不平等──格差社会の幻想と未来──』日本経済新聞社.

橘木俊詔・浦川邦夫 2006.『日本の貧困研究』東京大学出版会.

渡邉雄一・曺成虎 2016.「高齢者貧困リスクの日韓比較分析」『人口学研究』(52) 6 月 7-23.

＜韓国語文献＞

심복순 ［キムボクスン］ 2014.「65세 이상 노인 인구의 고용구조 및 소득」［65歳以上老人人口の雇用構造および所得］『노동리뷰』［労働レビュー］(115) 21-35.

김유빈 ［キムユビン］ 2016.「우리나라의 노후소득 실태와 정책 시사점」［我が国の老後所得実態と政策示唆点］『노동리뷰』［労働レビュー］(137) 111-119.

박경숙・김미선 ［パクギョンスク・キムミソン］ 2016.「노인 가구형태의 변화가 노인 빈곤율 변화에 미친 영향」［老人家計形態の変化が老人貧困率変化に及ぼした影響］『한국사회학』［韓国社会学］50(1) 221-253.

반정호 ［パンジョンホ］ 2011.「가구 구성방식의 다양화가 소득불평등에 미친 영향에 관한 연구」［家計構成方式の多様化が所得不平等に及ぼした影響に関する研究］『사회복지정책』［社会福祉政策］38(1) 85-111.

——— 2013.「우리나라 소득불평등 실태와 재분배 정책의 효과」［我が国の所得不平等実態と再分配政策の効果］『노동리뷰』［労働レビュー］(94) 62-75.

성명재・박기백 ［ソンミョンジェ・パクギベク］ 2009.「인구구조 변화가 소득분배에 미치는 영향」［人口構造変化が所得分配に及ぼす影響］『경제학 연구』［経済学研究］57(4) 5-37.

임완섭 ［イムワンソプ］ 2015.「빈곤 노인가구의 유형별 소득 및 지출 특성과 정책 과제」［貧困老人家計の類型別所得および支出特性と政策課題］『보건복지포럼』［保健福祉フォーラム］(226) 90-103.

장지연・이병희 ［チャンジヨン・イビョンヒ］ 2013.「소득불평등 심화의 메커니즘과 정책 선택」［所得不平等深化のメカニズムと政策選択］『민주사회와 정책연구』［民主社会と政策研究］(通巻23) 71-109.

전병유 ［チョンビョンユ］ 2016.『한국의 불평등 2016』［韓国の不平等 2016］ 페이퍼로드［ペイパーロード］.

정은희・이주미 ［チョンウニ・イジュミ］ 2015.『2015年 貧困統計年報』韓国保健社会研究院.

황남희・이상협・양찬미 ［ファンナミ・イサンヒョプ・ヤンチャンミ］ 2014.『인구구조 변화와 공・사적 이전 분담실태 연구』［人口構造変化と公・私的移転分担実態研究］韓国保健社会研究院.

홍석철・전한경 ［ホンソクチョル・チョンハンギョン］ 2013.「인구고령화와 소득 불평등의 심화」［人口高齢化と所得不平等の深化］『한국 경제의 분석』［韓国経済の分析］19(1) 71-113.

＜英語文献＞

An, Chong-Bum, Young-Jun Chun, Eul-Sik Gim, Namhui Hwang, and Sang-Hyop Lee 2011. "Intergenerational Resource Allocation in the Republic of Korea." In *Population Aging and the Generational Economy: A Global Perspective*. Ronald Lee and Andrew Mason, Cheltenham, UK and Northampton, MA, USA: Edward Elgar, 381–393.

OECD 2008. *Growing Unequal? Income Distribution and Poverty in OECD Countries*. Paris: OECD Publishing.

Ogawa, Naohiro, Rikiya Matsukura, and Amonthep Chawla 2011. "The Elderly as Latent Assets in Aging Japan." In *Population Aging and the Generational Economy: A Global Perspective*. Ronald Lee and Andrew Mason, Cheltenham, UK and Northampton, MA, USA: Edward Elgar, 475–487.

第5章

非正規雇用労働者の動向と労働条件

高 安 雄 一

はじめに

　韓国では1997年に通貨危機に直面して以降，非正規雇用が社会問題化した。具体的には所得格差が拡大した。通貨危機以降，所得格差を測る代表的な指標であるジニ係数が高まったなど，格差拡大が確認できるが，この要因のひとつとして非正規雇用者世帯が増えたことが挙げられる。また非正規雇用者は低所得ゆえに結婚に踏み切れない傾向にあり，これがひいては少子化の一因になっている[1]。

　本章では，非正規雇用が社会問題化して20年が経過する現在，非正規雇用労働者がどのような動向を示しているのか，また労働条件がどのような状況なのか考察する。本章の構成は以下のとおりである。第1節では，非正規雇用労働者の全体的な動きを把握するなど全般的な状況について概観する。第2節では，非正規雇用労働者の動きを，性・年齢層別に詳細に分析する。第3節では，非正規雇用労働者の労働条件などを正規雇用労働者と比較する。そして最後に本章としての結論を示す[2]。

　日本で政府が公式に使っている用語である「正規雇用労働者」，「非正規雇用労働者」，「有期契約労働者」は，韓国語では「正規職」，「非正規職」，「期間制」と表記される。本章では，法律名や文書名は韓国語の直訳を使用し，そのほかは日本の公式表記を使用する。さらに本章では，非正規雇

135

用労働者の範疇に含まれないものの雇用が不安定で社会的な保護が必要な
労働者である脆弱労働者についても取り扱うこととする。

第1節　非正規雇用労働者の全体的な動き

1．韓国における非正規雇用労働者を把握するための指標と定義

　韓国では2000年以前と，2001年以降で非正規雇用労働者の規模を把握する
ための指標および定義が異なる。まず2000年以前の指標と定義をみてみよ
う。韓国では就業者数や失業率など重要な雇用指標を作成するため，毎月
「経済活動人口調査」（以下，「本調査」とする）が行われている。「本調査」
では従業上の地位が把握されているが，2000年以前は，従業上の地位が「臨
時労働者」あるいは「日雇い労働者」である者を非正規雇用労働者とみな
していた（以下，合わせて「非常用労働者」とする）。なお，「臨時労働者」と
は，雇用契約期間が1年未満1カ月以上の者，あるいは契約期間は定められ
ていないものの会社の人事管理規定の適用を受けず，退職金やボーナス
などを受給していない者，「日雇い労働者」とは，雇用契約期間が1カ月未
満の者である。
　しかしながら非常用労働者は，非正規雇用労働者に分類されるための一
般的な基準，すなわち，「有期」，「パート」，「非典型」といった条件により
分類されるわけではない。そして，ボーナスや退職金をもらえる無期契約
労働者など，雇用条件が比較的よい労働者のみが常用労働者として分類さ
れるため，非常用労働者が賃金労働者に占める比率（以下，「非常用比率」と
する）が高くなる傾向にある[3]。
　そこで正確に非正規雇用労働者の規模を測るため2001年以降，毎年8月
に「本調査」に加えて「経済活動人口雇用形態別付加調査」（以下，「付加調
査」とする）が行われるようになった[4]。そして2001年以降は，「付加調査」
の定義に合致する労働者が非正規雇用労働者とされるようになった。定義
に基づく非正規雇用労働者とは，①有期労働契約を結んでいる労働者[5]，②

136

第5章　非正規雇用労働者の動向と労働条件

表5-1　従業上の地位上の分類×雇用形態上の分類による賃金労働者の区分

	非正規雇用労働者	正規雇用労働者
常用労働者	A	D
非常用労働者	B	C（脆弱労働者）

（出所）　労働部（2005）。
（注）　太線で囲われた部分は，政府の定義による非正規雇用労働者，　　　部分は，労働組合が非正規雇用労働者であると主張している労働者の範囲である。

職場で定められている所定労働時間（同一の種類の業務を行う労働者）より1時間でも短い時間で勤務している労働者，③間接雇用など非典型な労働形態で就業している労働者，すなわち，「有期契約」，「パート」，「非典型」といった3つの条件をひとつでも満たした労働者である。そして，これら3つの条件は排他的ではなく，複数の条件を満たす労働者も少なくない。

以上のように，『本調査』では賃金労働者を従業上の地位で「常用労働者」と「非常用労働者」に分類している。他方，2001年以降は「付加調査」における雇用形態で「正規雇用労働者」と「非正規雇用労働者」に分類している。これらの関係を整理したものが表5-1であり，「本調査」の2分類（常用労働者，非常用労働者）を行，「付加調査」の2分類（非正規雇用労働者，正規雇用労働者）を列として，従業上の地位上の分類×雇用形態上の分類の行列となっている。常用×非正規はA，非常用×非正規はB，非常用×正規はC，常用×正規はDとすると，公式な非正規雇用労働者の規模はAとBの労働者の人数である。

また政府はCの労働者について，「雇用形態上は正規雇用労働者であるが，おもに零細企業で勤務しており，労働条件が劣悪な「脆弱労働者」として把握することが妥当」としている。そして労働組合側は，AとBのみならず，Cの労働者を加えた人数を非正規雇用労働者の規模であると主張している。2016年においては，常用×非正規（A）の労働者は223万6000人（賃金労働者の11.4%），非常用×非正規（B）の労働者は420万8000人（同21.4%），非常用×正規（C）の労働者は245万3000人（同12.5%），常用×正規（D）の労働者は1073万人（同54.7%）である。

2．通貨危機までの非正規雇用

　韓国では1997年の通貨危機以降，非正規雇用が社会問題化した。ただし通貨危機以前にも非正規雇用労働者は少なくなかったと考えられる。先述のとおり「付加調査」は2001年から行われたため，それ以前の非正規雇用労働者の規模を現在の定義で把握することはできない。そこで代替手段として「本調査」で把握できる常用労働者を正規雇用労働者，非常用労働者を非正規雇用労働者とみなしてその動きをみていく(6)。

　非常用労働者数は1965年より1997年まで一貫して増加している（図5-1）。1965年には50％を超えていた非常用比率は，1982年まで低下傾向で推移し，その後は再び上昇に転じた。そして，通貨危機前年の1996年には非常用労働者数が1141万人，非常用比率は43.2％であった。

　ただし1987年以前については正規雇用労働者も非正規雇用労働者も雇用の安定や賃金といった面からは大きな差がなかったと考えられる。チョンイファン（2010, 46）は，1987年以前の韓国の労働者はいつでも解雇される

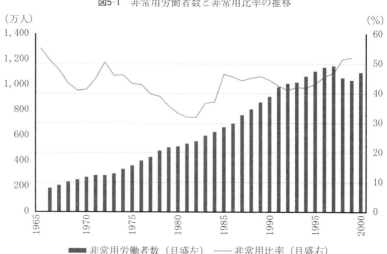

図5-1　非常用労働者数と非常用比率の推移

（出所）チョンイファン（2010, 47）図1のバックデータにより作成。

第5章　非正規雇用労働者の動向と労働条件

無権利状態であったとしている。また，1970年代から1980年代前半にかけて，政府は間接的にではあるが賃金抑制を強力に進めてきたため，賃金の上昇が総じて抑制されていた（労働部 2006, 47, 58；金裕盛 2001, 32-34など）。

　これが変化したのが1987年の民主化宣言以降である。民主化宣言を機に労働組合の活動が活発化し，その結果として使用者側との交渉力が強くなり，労働者の解雇が難しくなった。また，政府が賃金抑制を試みるも失敗するようになり，とくに大企業を中心に賃金上昇率が高まった（金裕盛 2001, 43-46, 51-52）。さらに労働者の雇用には，労働者が受け取る現金給与だけでなく，退職金や法定福利金といった現金給与以外の費用も発生する。1990年代以降，現金給与以外の費用が増え始めた。労働者ひとり当たりの労働費用に占める現金給与以外の費用の比率は，1989年には15.9％であったものが，1998年には39.5％にまで高まった（アンジュヨプ 2001, 60-61）。

　1987年の民主化宣言以降，労働組合の交渉力が強くなり，労働者の解雇が難しくなったとともに，労働者ひとり当たりの労働費用も高まっていった。ただし雇用が安定し労働費用が高まったのは正規雇用労働者であったことから，1987年以降，正規雇用労働者と非正規雇用労働者のあいだで雇用の安定や賃金で差が生じるようになった。なお，差が大きくなってきたと考えられる1990年代中盤は景気が拡大していたことから，非常用比率は低下していた。よって非正規雇用は社会問題化しなかった。しかし，1997年に韓国は通貨危機に直面し，非常用比率が急激に高まったことをきっかけに非正規雇用が社会問題化した。これを受けて，政府は非正規雇用問題に取り組むようになり，非正規雇用労働者の規模や労働条件を把握するための統計も整備されるようになった。

　さらに政府は2000年には，①労働条件保護強化，②セーフティネットの適用拡大，③能力開発機会の拡大，④実態調査および統計基盤構築をおもな内容とした対策を策定し，2001年には非正規雇用労働者の規模や労働条件などを把握するための統計調査を開始した。そして，2004年には「期間制および短時間勤労者保護等に関する法律」（以下，「非正規職保護法」とする）を国会に提出した。非正規職保護法は国会で審議され，2006年の本会議で可決され，2007年7月には施行された（雇用労働部 2013, 13-14）。非正規職

139

保護法の目的は，有期契約労働者やパート労働者の労働条件の保護強化であり，有期契約労働者の使用期間に２年の上限をおくことで，有期契約労働者の無期契約労働者への転換を促した。また，差別是正制度を盛り込み，合理的な理由がないかぎり，有期契約労働者やパート労働者と同種・類似業務に従事する労働者との賃金やその他労働条件に差別を禁止した。さらに，非正規職保護法の施行以降も，政府は「非正規職総合対策」を策定するなど，継続して非正規雇用問題を解消するための対策に取り組んできた。

３．近年における非正規雇用労働者の動き

　2001年に「付加調査」が開始されてから，現在の定義による非正規雇用労働者の規模が把握できるようになった。そこで最初に2001年から2016年までの賃金労働者に占める非正規雇用労働者の比率（以下，「非正規比率」とする）の動きを確認しよう。非正規比率は2001年から2004年までは高まったが，それ以降は下落傾向を示している（図5-2）。ただし非正規雇用労働者は，2004年から2016年のあいだで100万人以上増加している。これは賃金労働者の増加率が非正規雇用労働者の増加率を上回っているからであり，非正規比率が下落したからといって非正規雇用労働者が減少しているわけではない。

　非正規雇用労働者は「有期契約」，「パート」，「非典型」といった，それぞれ排他的ではない条件のいずれかを満たした労働者である。よって，非正規雇用労働者は，①「有期契約労働者にのみ該当」，②「パート労働者にのみ該当」，③「非典型労働者にのみ該当」，④「有期契約労働者でかつパート労働者」，⑤「有期契約労働者でかつ非典型労働者」，⑥「パート労働者でかつ非典型労働者」，⑦「有期契約労働者，パート労働者，非典型労働者のすべてに該当」の７つの雇用形態に分けることができる。ただし，実際には①〜③といったほかの条件と重複していない雇用形態が多くを占めるため，①〜③に絞って議論を進めていく（以下，①を「有期契約労働者」，②を「パート労働者」，③を「非典型労働者」とする）。

　まず2016年における各雇用形態の労働者数をみると，有期契約労働者の数が一番多く，非典型労働者，パート労働者と続く。また2004年からの変

第5章 非正規雇用労働者の動向と労働条件

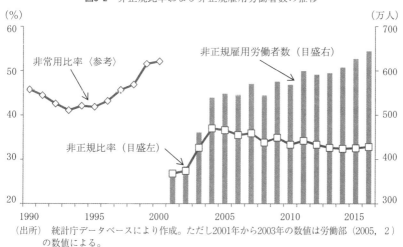

図5-2 非正規比率および非正規雇用労働者数の推移

（出所）統計庁データベースにより作成。ただし2001年から2003年の数値は労働部（2005, 2）の数値による。
（注）各年の数値は8月の数値である。

化をみると，有期契約労働者が減少する一方で，パート労働者はこれを上回る増加となっている（図5-3）。結果，非正規の各雇用形態の構成比が変化した。有期契約労働者の比率は2004年の50.4％から2016年には34.3％に低下したが，パート労働者は6.1％から18.2％へと高まった。非正規雇用労働者の数は増加を続けているが，雇用形態別には有期契約労働者が減少し，パート労働者が増加している。この動きをみると，有期契約労働者がパート労働者におき換えられているようにもみえるが，実際はそれぞれ別々の要因により増減している。

　非正規雇用労働者が増加する理由として，①雇用量調整の容易化，②労働費用節減，③企業外からの労働力を調達することによる効率性の引き上げなど労働需要側の事情がある。また同時に，働く女性や高齢者の増加を背景とした就業しやすい雇用形態における就業希望の拡大といった労働供給側の事情もある（キムスボク 2016, 18-19, 30-31）。結論を先どりすると，有期契約労働者が減少した理由としては，非正規職保護法により有期契約労働者の使用期間に2年の上限が課せられたことが挙げられる。つまり労

141

働需要側の要因により減少したわけである。一方，パート労働者が増加した要因は，仕事と家庭を両立したい女性が大きく増加したことで，就業しやすい雇用形態であるパートへの就業希望が拡大した事情が考えられる。つまりこちらは，労働供給側の要因により増加したわけである。これは非正規雇用労働者の動きを，性・年齢層別にみることで明らかにでき，次節でその分析を行うこととする。

4．脆弱労働者の推移

非正規雇用問題をみる際には脆弱労働者の存在にも着目する必要がある。脆弱労働者とは前出の表5-1でCの部分，すなわち，非常用×正規の労働者である。脆弱労働者は，「政府の保護対象に該当しており雇用形態上は非正規雇用労働者ではないので，雇用形態による差別・濫用規制支援ではなく，企業規模間の賃金格差，労働監督の次元で解決策が講じられなければなら

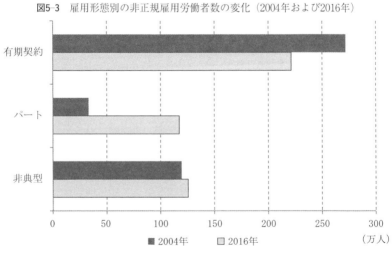

図5-3　雇用形態別の非正規雇用労働者数の変化（2004年および2016年）

（出所）　統計庁『経済活動人口雇用形態別付加調査』（2004年8月調査および2016年8月調査）の個票データにより作成。

ない」とされ,配慮すべき労働階層に位置づけられている(労働部 2005, 10-11)。

　脆弱労働者に分類されている者を具体的にみると,零細・小規模の小売店の販売員,飲食店のスタッフ,工場の従業員が多い。また,契約期間は定められていないものの退職金を受け取ることができない者は,脆弱労働者として分類されることが多い。2004年以降の賃金労働者に対する脆弱労働者の比率は低下傾向で推移している(図5-4)。脆弱労働者が減少している要因として,零細・小規模の小売店,飲食店,工場などで就業する労働者において,退職金すら受給できないといった雇用条件が悪い者が減少していることが挙げられる(高安 2017, 43-44)。

　なお,脆弱労働者については,賃金労働者に対する脆弱労働者の比率が低下しているのみならず労働者数も減少しているため,次節の性・年齢層別の分析では立ち入らず,第3節で労働条件を比較する際に再び取り上げることとする。

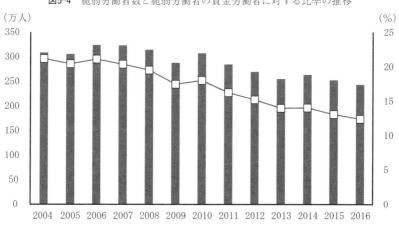

図5-4　脆弱労働者数と脆弱労働者の賃金労働者に対する比率の推移

(出所)　統計庁『経済活動人口雇用形態別付加調査』(2004年から2016年までの毎年8月調査)の個票データにより作成。

第2節　性・年齢層別の非正規雇用労働者の動き

　非正規雇用労働者の数は増加を続けているが，雇用形態別にみると有期契約労働者が減少している。しかし，人々の就業状態は性や年齢によって大きく異なることが考えられ，それぞれの非正規雇用労働者の動きも大きく異なることが予想される。そこで本節では，性・年齢層別の詳細な動きを把握する。年齢層は15歳以上を３つに分け，15〜29歳を「青年層」，30〜54歳を「中年層」，55歳以上を「高齢層」とする。なお，2004年および2016年における，性・年齢層別の非正規の雇用形態別労働者数については図5-5でまとめて示した。

1．男性・青年層——働く学生の増加によりパートが増加——

　男性・青年層の非正規比率は2004年の34.7％から2016年の34.5％へとほとんど変化しなかったが，少子化による人口減少や労働力率の低下などにより賃金労働者が減少したため，非正規雇用労働者は４万1000人減少した。非正規の雇用形態別にその変化をみると，有期契約労働者は15万1000人減少したが，一方でパート労働者が15万7000人増加した。非正規の雇用形態別構成比をみると，2004年は有期契約労働者が63.4％，非典型労働者が16.4％であったが，2016年には有期契約労働者の比率が43.3％に低下し，2004年には3.8％にすぎなかったパート労働者の比率が29.3％と大幅に高まった。男性・青年層の動きをみると，有期契約労働者がパート労働者に代替されたようにみえるが，実際にはこれらの動きは別々の要因によるものである。

　以下では男性・青年層を在学者と卒業者に分けて検討を加える[7]。まず在学者の動きをみると，賃金労働者が６万1000人増加した。そして雇用形態別には，非正規雇用労働者が６万4000人増加し，とくにパート労働者の11万2000人増が際立った動きであった。パート労働者が増加した要因は，在学中に賃金労働者として働く者が増えるなか，その多くがパートを選択したことである。在学者が就業する際には学業との両立を図る必要があり，

144

パートを選択することが現実的である。在学者の賃金労働者が増えた理由を数値で示すことは難しいが，親の経済状況の悪化などにより学費や生活費を自ら稼ぐ必要が高まったこと，パート労働が可能な職場が増加して学生が働きやすくなったことなどが考えられる。つまりこの動きは，労働者の選好といった労働供給側の事情に帰するものである。

つぎに卒業生の動きであるが，2004年から2016年のあいだに賃金労働者は16万8000人減少した。そして非正規雇用労働者は10万4000人減少し，形態別では有期契約労働者の10万1000人減が最も大きな動きである[8]。第二に，有期契約労働者数の毎年の推移をみると，2004年から緩やかに減少する傾向にあるが，非正規職保護法の施行直後に特段大きな変化はみられない。よって，男性・青年層の卒業生での有期契約労働者減少については，非正規職保護法の影響を受けたというよりは，少子化を背景に青年層の人口が減少したことにともなったものと考えることができる。つまりこの動きは，労働供給量の変化といった労働供給側の事情に帰するものである。

2．男性・中年層——非正規職保護法の影響で有期契約が減少——

男性・中年層の非正規比率は2004年から2016年のあいだに28.2％から18.1％へ10.1％ポイント下落した。また，賃金労働者が130万3000人増加したが，非正規雇用労働者は34万人減少した。さらに，非正規雇用労働者の変化を形態別にみると，有期契約労働者の36万1000人減が際立っている。非正規雇用の形態別比率をみると，2004年には有期契約労働者が59.5％と半数を大きく超えていたが，2016年には47.0％にまで低下した。一方で，非典型労働者は大きく変化しなかったため，非典型労働者の比率は2004年の27.7％から2016年の35.6％へと相対的に高まった。

有期契約労働者の減少は非正規職保護法の効果によるものと考えられる。これを確認するために，2004年から2016年にかけて，有期契約労働者数と賃金労働者に対する比率の毎年の動きをみる（図5-6）。有期契約労働者は，非正規職保護法が施行される2007年まで大きな変化がなかった。しかし，法施行から使用期間の上限である2年に達する者が出始める2009年までのあ

145

図5-5　性・年齢層別の雇用形態別の非正規雇用労働者数の変化（2004年および2016年）
①男性・青年層

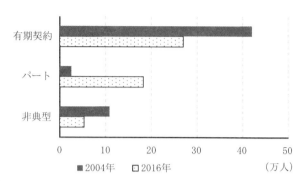

②男性・中年層

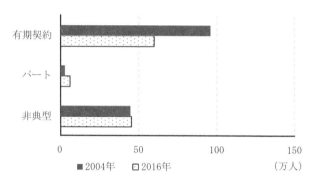

③男性・高齢層

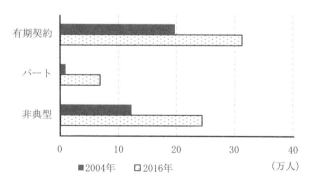

第 5 章　非正規雇用労働者の動向と労働条件

④女性・青年層

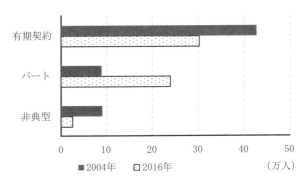

⑤女性・中年層

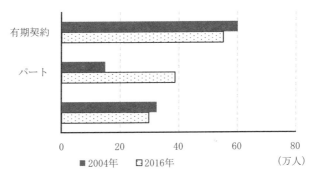

⑥女性・高齢層

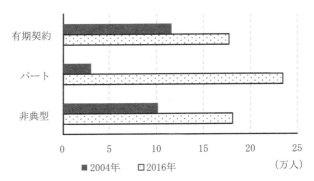

（出所）　図5-3と同じ。

147

図5-6 男性・中年層の有期契約労働者数および有期契約労働比率の推移

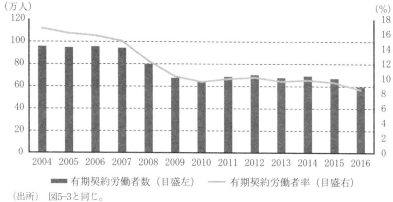

(出所) 図5-3と同じ。
(注) 有期契約労働者比率は，賃金労働者に占める有期契約労働者数の比率である。

いだに約27万人減少した。そして2010年以降にも大きな変化がなくなった。また，賃金労働者に対する比率も確認してみると，2004年から2007年のあいだの動きは緩やかであったが，2007年から2009年のあいだに急落した。この動きは事例によっても裏づけられている。たとえば，全国金融産業労働組合は，18の銀行について有期契約労働者の無期契約への転換状況について調査し，2007年から2009年7月までのあいだ，2万679人が転換したことを報告した。そして，有期契約労働者の3分の2が非正規職保護法の趣旨に沿い，無期契約に転換したことを示した[9]。また労働部が韓国開発研究院に委託した調査結果では，ロッテ百貨店が1200人，新世界百貨店が1000人，新世界イーマートが4000人，三星テスコ・ホームプラスが2600人を無期契約に転換したなどの，流通業界大手の事例が紹介されている[10]。

なお，非正規職保護法の副作用として，有期契約労働者が非正規のほかの雇用形態に代替されることが懸念された。しかし，ほかの非正規の雇用形態における労働者数には大きな変化はみられず，懸念された副作用の発生は確認できなかった。その一方で，2007年から2009年にかけての動きをみると，正規雇用労働者の増加数が有期契約労働者の減少数を上回っている。以上をまとめると，男性・中年層については非正規職保護法の効果もあり，

有期契約労働者が正規雇用労働者にシフトするかたちで減少したと考えられる。そしてこの動きは，規制強化を受け有期契約労働者の雇用を減少させたという労働需要側の要因によるものといえる。

3．男性・高齢層――高齢化と生活費不足を背景にフルタイムの非正規雇用が増加――

男性・高齢層の非正規比率は2004年の52.7％から2016年には46.2％へと6.5％ポイント下落したが，非正規雇用労働者は55万4000人増加している。男性・高齢層の非正規雇用労働者の増加は，賃金労働者が132万3000人増加し，その4割強である55万4000人が非正規雇用に吸収されたことによる。非正規雇用労働者の増加を雇用形態別にみると，すべての雇用形態で増加しているが，なかでも有期契約労働者，非典型労働者がそれぞれ10万人前後増加している。なお非典型労働者の増加を詳しくみると，派遣労働者が12万2000人増加しており，その他の雇用形態には大きな変化がない。非正規の雇用形態別構成比をみると，2016年では有期契約労働者が30.9％，非典型労働者が24.1％であり，2004年からは有期契約労働者の比率が10％ポイント以上低下した。すなわち男性・高齢層は，非正規雇用労働者，とりわけフルタイムの非正規雇用労働者が増加したが，この要因としては，①高齢化と労働力率の高まりなどを背景とした賃金労働者の急増，②より高い賃金を稼ぐためフルタイムを選好するといった労働者の意識を挙げることができる[11]。

男性・高齢層では非正規雇用労働者の増加幅は，有期契約労働者，非典型労働者で大きく，パート労働者では小さかったが，この要因を分析するため，「経済活動人口高齢層付加調査」（2016年5月実施）から，男性・高齢層（同調査の対象である79歳まで）で賃金労働者である者の実態や意識をみていく[12]。

まず最も長い期間勤務した職場に継続して勤務しているかである。この質問は64歳までに対象が限定されているが，69.3％が辞めたと回答している。55～64歳の7割近くが一度退職している理由として，韓国では定年年

齢が早いことが挙げられる。高齢者雇用促進法では「定年を定める場合は60歳以上とするよう努力する」旨が規定されていたが，努力義務にすぎなかった。よって，2013年時点で定年を定める事業所の平均定年年齢が58.6歳であり，55歳以下の事業所も25.1％あった[13]。また回答者の66.2％が仕事を続けることを希望しており，その理由として58.1％が「生活費を補塡するため，お金が必要であるから」を挙げた。さらに職場を選択する際に何を最も考慮するか尋ねた質問に対しては，「賃金水準」と回答した者が27.7％で，「仕事量と時間帯」の19.4％を上回り，フルタイムかパートのいずれかを希望するかについては，フルタイムが79.2％であった。

「経済活動人口高齢層付加調査」を分析した結果から，男性・高齢層の賃金労働者は，①一度退職した後に再就職した者，②生活費のため仕事を続けたい者，③多く稼ぐためフルタイムを希望する者が多いことがわかる。つまり，再就職に際しては無理なく働くためパートを選ぶ者は少なく，稼ぎをよくするため可能であれば正規雇用，そうでなくてもフルタイムの有期契約労働者や非典型労働者として働くことを選択すると考えられる。有期契約労働者の増加は，男性・青年層，男性・中年層にみられなかった動きであるが，これには使用者側の事情もある。非正規職保護法により導入された2年の使用期間上限は，55歳以上への適用が除外される。よって，使用者側にも55歳以上の者を有期契約労働者として雇うインセンティブがある。

以上をまとめれば，男性・高齢層は，賃金労働者の数が大幅に増えたことにともない非正規雇用労働者数も大幅に増えたが，より多く稼ぐためフルタイムの有期契約や非典型といった雇用形態がとくに増加している。また，55歳以上は非正規職保護法の適用除外であることも，有期契約労働者の増加に寄与していると考えられる。そしてこの動きは，人口動態や労働力率の高まりといった労働供給量の変化，フルタイムを選好するといった労働者の意識といった労働供給側の要因，またこの年齢層の有期契約労働者への規制が強化されず，企業としても雇用しやすいといった労働需要側の要因が重なった結果生じたものと考えられる。

4．女性・青年層――青年層は男女とも傾向が同じ――

　女性・青年層の非正規比率は35.2％から35.3％と男性・青年層と同様ほとんど変化しなかったが，非正規雇用労働者数は6万2000人減少した。非正規雇用労働者は減少しているものの，賃金労働者と非正規雇用労働者の減少率がほぼ同じであることから非正規比率は変化していない。非正規雇用の雇用形態別に変化をみると，有期契約労働者が12万5000人減少した一方で，パート労働者が15万人増加した。さらに非正規の雇用形態別比率をみると，2004年は有期契約労働者が55.6％，パート労働者が11.6％，非典型労働者が11.8％であったが，2016年には有期契約労働者の比率が43.0％，非典型労働者が3.6％と大幅に低下し，パート労働者が34.0％と大幅に高まった。有期契約労働者の減少，パート労働者の増加は男性・青年層と同じ動きである。

　そして在学者と卒業生の動きをみても男性・青年層とおおむね同じ傾向を示しており，女性・青年層における非正規雇用労働者の動きは，男性と同様，労働者の選好，労働者の供給量といった差はあるものの，ともに労働供給側の要因により生じたものといえる。

5．女性・中年層――子育て後にパートとしての復職が増加――

　女性・中年層の非正規比率は44.9％から34.7％へ10.2％ポイント下落したが，非正規雇用労働者は18万2000人増加した。女性・中年層の非正規雇用労働者の増加は，賃金労働者が150万1000人と大幅に増加したことが大きい。賃金労働者の増加の多くは正規雇用労働者の増加により吸収されたが，男性・中年層のように非正規雇用労働者が減少するほどではなかった。よって，増加した賃金労働者の一部は非正規雇用労働者となった。非正規雇用労働者の動きを雇用形態別にみると，パート労働者が23万8000人増加したことが目立った動きである。非正規雇用の形態別構成比をみると，2016年では有期契約労働者が32.8％，パート労働者が22.9％，非典型労働者が17.6％であり，2004年と比較するとパート労働者の比率が13.0％ポイント高

まった。パート労働者が増加した要因としては，子育て後にパート労働者
として復職した者が増えたことが挙げられる。

パート労働者が増加した年齢階級・婚姻状態を特定していこう。パート
労働者の増加が多かった年齢階級・婚姻状態が，45〜49歳・既婚の6万3000
人，50〜54歳・既婚の5万2000人であり，これらで女性・中年層の増加数の
半数近くを占めた。45〜49歳および50〜54歳・既婚でパート労働者が大きく
増加した理由として，①出産などを機に離職した後に再び働き始めた女性
が多いこと，②一度仕事から離れた女性の多くはパートとして再就職を希
望していることが挙げられる。

第一に，「出産などを機に離職した後に再び働き始めた女性が多いこと」
である。韓国の女性の年齢別労働力率をみると，20歳代にピークをつけた
後に大きく下落し40歳代で再び高まっている。労働力率のグラフはいわゆ
る「M字カーブ」となっているが，このような動きを示す理由は，出産を
機に仕事から離れ，子育てが一段落したところで再び仕事につく女性が多
いからである。45〜49歳，50〜54歳は一度仕事から離れてから再び仕事につ
いた女性が多い年代であるが，2004年から2016年にかけてこの年代の労働力
率が高まっている。具体的には，45〜49歳で2004年の62.4%から2016年には
70.5%へと8.1%ポイント，50〜54歳は54.7%から67.0%へと12.3%ポイン
ト高まった。そしてこの労働力率の高まりは，出産を機に仕事から離れた
後に再就職する女性が多くなったことが要因として考えられる。

第二に，「一度仕事から離れた女性はパートとして再就職を希望する場合
が多い」であるが，雇用労働部が行った調査の結果が根拠のひとつとなる。
雇用労働部は，就職したがその後仕事から離れ未就業状態にある30歳以上
60歳未満の女性に対する調査を行った。そして，就業意思のある女性の84.0%
がパートを希望していることを明らかにした。またパートを希望する理由
を尋ねたところ，育児・教育のためと回答した者が40.6%であった(14)。

以上をまとめると，女性・中年層は，45〜49歳および50〜54歳の既婚者を
中心にパート労働者が大幅に増加している。また，45〜49歳および50〜54歳
の既婚者は，出産を機に仕事から離れた者の再就職が活発となったことも
あり賃金労働者が増加している。さらに，出産を機に仕事から離れた女性

第5章　非正規雇用労働者の動向と労働条件

が再び仕事を始める際は，仕事と家庭の両立を図るためパートを選択する傾向にあり，これがパート労働者の増加につながったと考えられる。そしてこの動きは，労働力率の高まりといった労働供給量の変化，パートを選好するといった労働者の意識，すなわち労働供給側の要因により生じたものと考えられる。

6．女性・高齢層——高齢化と家事・仕事の両立の必要性からパートが増加——

女性・高齢層の非正規比率は2004年の68.1％から2016年の64.7％へ3.4％ポイント下落したが，非正規雇用労働者数は75万6000人増加した。女性・高齢層の非正規雇用労働者の増加は，賃金労働者が119万8000人増加し，その63.1％が非正規雇用に吸収されたことによる。非正規雇用労働者の増加を形態別にみると，すべての雇用形態で増加しているが，パート労働者が20万人以上増加している。同じ高齢層でも男性はパート労働者の増加が小さかったが，女性は男性とは異なる動きとなっている。非正規雇用の形態別構成比をみると，パート労働者が20.5％，非典型労働者が15.8％，有期契約労働者が15.4％であり，2004年からは有期契約労働者で12.9％ポイント比率が高まったことが目立った動きである。

高齢者・女性において，パート労働者が増加した要因としては，高齢化と労働力率の高まりなどを背景とした賃金労働者の急増，家事と仕事を両立しつつ生活費を稼ぐためパートを選好するといった労働者の意識を挙げることができる。まず，高齢化と労働力率の高まりなどを背景とした賃金労働者の急増であるが，これは男性とほぼ同様の動きを示しているとともに，その背景も同じであると考えられるため説明を省略する。

女性・高齢層では非正規雇用労働者の増加は，パート労働者で大きかったが，この要因を分析するため，男性・高齢層と同様，「経済活動人口高齢層付加調査」（2016年5月実施）を使って，女性・高齢層（同調査の対象である79歳まで）で賃金労働者である者の実態や意識をみていく。まず最も長い期間勤務した職場に継続して勤務しているかである。この質問は64歳まで

153

に対象が限定されているが，81.3%が辞めたと回答している。55～64歳の8割以上が一度退職しているが，理由としては「健康がすぐれないため」が28.5%，「家族の面倒をみるため」が21.6%と，自己都合により退職した者が多い。また，「生活費を補塡するため，お金が必要であるから」仕事を続けたいと回答した者は63.6%と男性より比率が高かった。さらに職場を選択する際に何を最も考慮するか尋ねた質問に対して，「仕事量と時間帯」と回答した者が39.5%で，「賃金水準」の21.0%を上回った。また，フルタイムかパートタイムのいずれかを希望するかについては，パートタイムを希望する者が51.7%であった。

「経済活動人口高齢層付加調査」の結果から，女性・高齢層の賃金労働者は，①一度退職した後に再就職した者，②生活費のため仕事を続けたい者，③賃金より仕事時間に融通がきくことを求めるためパートタイムを希望する者が多いことがわかる。つまり，女性の場合は家事との両立を図るため，再就職に際してはパートを選択する傾向にあると考えられる。以上をまとめると，女性・高齢層は，賃金労働者の数が大幅に増えたことにともない非正規雇用労働者数も大幅に増えたが，時間に融通がきくパートが好まれることから，パート労働者がとくに増加している。そしてこの動きは，人口動態や労働力率の高まりといった労働供給量の変化，パートを選好するといった労働者の意識，すなわち労働供給側の要因により生じたものと考えられる。

第3節　非正規雇用労働者の労働条件

本節では2016年の『本調査』および『付加調査』をもとに，非正規雇用労働者の賃金や雇用期間など労働条件を正規雇用労働者と比較しつつ考察する。非正規雇用労働者については，有期契約労働者，パート労働者，非典型労働者の3つの雇用形態別に分けてみる。これら非正規の雇用形態の労働条件を正規雇用労働者と比較するが，正規雇用労働者についても，従業上の地位で，「正規雇用・常用」，「正規雇用・非常用」のふたつに分け，

154

前者を「正規労働者」，後者を「脆弱労働者」と呼ぶこととする。

1．賃金

まず賃金を月収からみてみよう。

正規労働者の平均月収は307万ウォンである。一方で，非正規雇用の形態のなかで一番高い有期契約労働者の平均月収は212万ウォンであり，正規労働者の68.9％と7割に満たない水準にとどまっている。そして非典型労働者の185万ウォン（正規労働者の60.3％）と続き，一番水準の低いパート労働者は80万ウォンで正規労働者の4分の1程度にすぎない。なお脆弱労働者については159万ウォンで，正規労働者の51.7％と半分程度の水準である。

パート労働者の雇用形態の月収は低いが，これは労働時間が少ないことも影響している。そこで時給も比較する。時給については，正規労働者は平均で1万8306ウォンである。これに対して，非正規雇用の形態のなかで一番高い有期契約労働者の平均時給は1万2386ウォンであり，正規労働者の67.7％の水準である（図5-7）。ほかの非正規雇用の形態については，月収

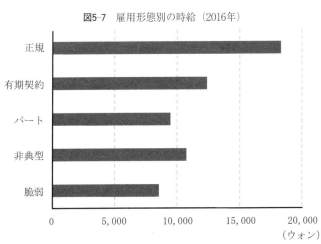

図5-7　雇用形態別の時給（2016年）

（出所）　統計庁『経済活動人口雇用形態別付加調査』（2016年8月調査）の個票データにより作成。

155

では最低水準であったパートも9468ウォンであり正規労働者の51.7%と差が縮小している。時給でみれば，非正規雇用の各形態の労働者と正規労働者間の差は小さくなっているが，それでも有期契約労働者が正規労働者の7割弱，その他は5〜6割程度にとどまっている。なお，脆弱労働者は8559ウォンと非正規雇用のどの雇用形態よりも低い。

2．ボーナスおよび退職金

ボーナスの受給状況についてみてみよう。「付加調査」の「先週所属していた職場ではボーナスを受け取ることができるか」という質問に対して，正規労働者の96.2%がボーナスを受け取ることができると回答したが，有期契約労働者はこれが64.9%である（図5-8）。さらに，パート労働者や非典型労働者は2割台にとどまっている。なお脆弱労働者は38.5%と，非正規である有期契約労働者よりも低い水準である。

つぎに退職金である。「付加調査」の「先週所属していた職場では退職金を受け取ることができるか」という質問に対して，正規労働者の99.6%が

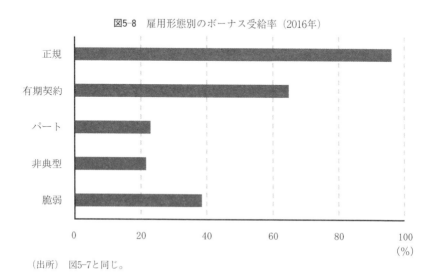

図5-8　雇用形態別のボーナス受給率（2016年）

（出所）図5-7と同じ。

第5章　非正規雇用労働者の動向と労働条件

退職金を受け取ることができると回答した（図5-9）。非正規雇用についてみると，有期契約労働者が72.5％と比較的多くの者が受給できると回答したが，パート労働者は2割を切っている。なお脆弱労働者も23.9％であり，ボーナスの受給率と同じく一部の非正規雇用形態よりも低い水準である。

3．社会保険の事業加入率

つぎに非正規雇用労働者の雇用形態別に，事業所が保険料を折半する社会保険にどの程度加入しているかみる。事業所が支払う社会保険料は，労働者が直接受け取るわけではないが，年金の場合は年金受給，健康保険の場合は疾病時などの現物給付のかたちで労働者が受け取ることとなる。

第一に国民年金について，加入が義務づけられている18～59歳で在学中ではない者に焦点を絞って分析を行う。

2016年の職場加入率をみると，正規労働者の職場加入率は99.7％である（図5-10）。非正規の雇用形態では，有期契約労働者が92.8％と正規労働者に肉薄しているが，非典型労働者は34.9％と低く，パート労働者も63.4％で

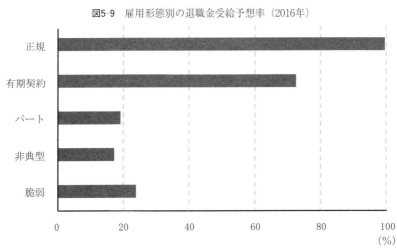

図5-9　雇用形態別の退職金受給予想率（2016年）

（出所）　図5-7と同じ。
（注）　退職金受給予想率は，退職金を受け取ることができると回答した労働者の比率である。

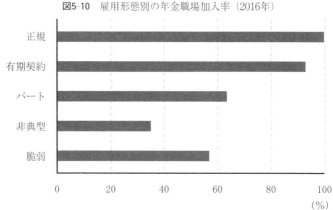

図5-10 雇用形態別の年金職場加入率（2016年）

（出所）図5-7と同じ。

ある。そして脆弱労働者についても56.8％にとどまっている。

第二に国民健康保険についてみていこう。

2016年の職場加入率をみると、正規労働者の職場加入率は99.4％である。そして有期契約労働者は88.5％と正規労働者との差は小さいが、非典型労働者は27.6％、パート労働者は42.3％と差は大きい。また脆弱労働者も44.1％にとどまっている。

4．勤続期間

最後に非正規雇用労働者の雇用形態別に勤続期間の比較を行う。まず正規労働者の2016年における平均勤続月数は102カ月（8年6カ月）である（図5-11）。一方、非正規の雇用形態のなかで一番平均勤続期間が長いものは有期契約労働者の36カ月（3年）である。そして非典型労働者やパート労働者は無期契約であるが、それぞれ33カ月（2年9カ月）、26カ月（2年2カ月）にすぎない。また脆弱労働者についても28カ月（2年4カ月）にとどまっている。

なお労働者のなかには自発的に離職する者も多く、とくに非正規雇用労

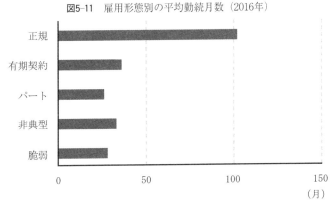

図5-11 雇用形態別の平均勤続月数（2016年）

（出所）図5-7と同じ。

働者にその傾向が強いと考えられることから，勤続年数を雇用の安定を代理する指標とみることには無理がある。しかしながら，有期契約労働者は雇止めにより職場から離れざるを得ない労働者が少なくないことも事実である。よって，幅をもって解釈する必要があるものの，本章では勤続年数も労働条件のひとつとして取り扱った。

結論

本章では非正規雇用労働者の動向と労働条件について考察してきた。まず重要な点は，非正規比率は2004年をピークに下落しているが，非正規雇用労働者は2004年以降も増加し続けていることである。ただし非正規の雇用形態別に動きをみると，有期契約労働者が減少する一方で，パート労働者がこの減少を大きく上回る増加を示している。この要因を明らかにするため，性・年齢層別に非正規雇用労働者の動向を雇用形態別に分析した。まず有期契約労働者の減少は，非正規職保護法の効果により，男性・中年層の有期契約労働者が正規雇用労働者にシフトするかたちで減少したことによる影響，つまり，労働需要側の事情による影響が大きかったことがわ

かった。つぎにパート労働者の増加は，女性・中年層および女性・高齢層
における増加が最も大きかったが，これは労働供給量の増加，仕事と家庭
の両立を図るためパートを選好するといった労働者の意識，すなわち，労
働供給側の要因によるものであった。

　また非正規雇用労働者の労働条件であるが，賃金，ボーナスおよび退職
金，社会保険の加入率，勤続期間のいずれも脆弱労働者を除いた正規雇用
労働者，すなわち正規労働者と比較して見劣りがする。また脆弱労働者も
同様である。そして非正規雇用の形態でも，パート労働者の労働条件がと
くによくないといった結果が得られた。2004年から2016年にかけて非正規雇
用労働者は，有期契約労働者が減少する一方で，パート労働者が増加して
いる。そのようななか，とくに，パート労働者の労働条件がよくないとい
うことは，非正規雇用労働者全体でみて労働条件が悪化していることを意
味している。パート労働者については労働供給側がパートといった雇用形
態を選好した結果，その数が増加したといえ，労働条件が悪いからといっ
て政府がパート労働者数を減らすため対策を講じることは，労働者の働き
方の選択を狭めることとなり望ましいことではない。

　韓国の非正規雇用労働者の近年の動向で最も注目すべきは，非正規雇用
労働者の雇用形態別の動き，具体的には，有期契約労働者は減少している
一方で，パートがそれ以上に増加している点である。ただしパート労働者
比率を国際比較すれば韓国は低位にある。OECD はパート労働者比率の国
際比較を行っている (15)。2014年におけるパート労働者比率をみると，OECD
加盟国平均は17.0％，EU 加盟国平均（28カ国）は17.3％，日本は22.8％で
あるなか，韓国は10.5％と水準は依然として低い。ただし日本も1980年には
11.1％であり，その後，徐々に比率が高まった。そしてパート労働者比率
の上昇傾向は OECD や EU でも観測できることから，国際的な趨勢ともい
える。

　韓国におけるパート労働者比率の高まりは，働き方の多様化を背景とし
た国際的な趨勢にようやく沿ってきた結果ともいえ，今後もパート労働者
が増加していくことが予想されるが，韓国にとってはパート労働者の処遇
格差改善が課題となろう。フルタイム労働者に対するパート労働者の賃金

水準は，フランスが89.1％（2010年，以下同じ），ドイツが79.3％，オランダが78.8％，イタリアが70.8％である（労働政策研究・研修機構 2015, 177）。これに対して，第3節で示したように韓国のパート労働者の賃金水準は低水準にとどまっている。政府として非正規雇用労働者の差別是正に取り組むなか，依然として労働環境に歴然とした差が存在している現状にかんがみると，非正規雇用労働者，とくに，パート労働者における格差是正のための効果的な取り組みが求められる。

〔注〕
⑴　高安（2010a），高安（2010b）による。
⑵　第1節から第3節までの分析の多くは「経済活動人口雇用形態別付加調査」の2004年8月調査および2016年8月調査の個票データ（分析によっては2004年から2016年のそれぞれ8月調査のすべて）を使って行った。
⑶　常用労働者と非常用労働者の定義を正確に示すと以下のとおりである。「経済活動人口調査指針書」では，従業上の地位について賃金労働者の区分基準が示されている。2008年の指針書では，まず雇用契約期間が定められている場合における分類基準が定められている。雇用契約期間が定められている場合，その期間が1年未満，1カ月以上であれば臨時労働者に分類される。一方，雇用契約期間が1カ月以下であれば，日雇い労働者に分類される。すなわち，雇用期間が定められている場合，その期間が1年未満であれば，非常用労働者となる。なお，雇用契約期間が1年以上である場合は常用労働者に分類される。つぎに契約期間が定められていない場合における分類基準である。指針書には，「所定の採用手続きにより入社した者で，会社の人事管理規定の適用を受ける者，あるいは，退職金およびボーナスなど各種手当ての受給者は常用労働者に分類」するといった記述がある。これは，雇用契約期間が定められていない場合，会社の人事管理規定の適用を受けず，退職金やボーナスなど各種手当てを受給していない者は非常用労働者に分類されることを意味している。
⑷　2005年からは3月と8月の年2回行われるようになった。
⑸　契約期間の定めがなくても，本人が「会社がとても難しい状況となり廃業または雇用調整する，あるいは，あなたが特別な間違いをしないかぎり，この職場に継続して通えますか」という質問に対し，「いいえ」と回答した場合は有期契約労働者とされる。
⑹　1989年以降は統計庁のデータベースより非常用労働者数を把握できるが，それ以前はチョンイファン（2010, 47）による数値を使用する。本章図5-1に引用したチョンイファン（2010, 47）の図1のバックデータは，韓国科学技術大学のチョンイファン教授より提供を受けた。
⑺　労働統計では調査対象となる1週間に1時間でも仕事をすれば就業者に区分されるため，在学者が短時間のアルバイトをした場合でも就業者となる。ただし一般的

161

には在学者がフルタイムの仕事を行うことは難しい。また仕事をまったく行わない者も少なくなく，明らかに学校を卒業した者とは異なった就業行動をとる傾向にある。そこで本章では，青年層を在学者（休学者を含む）および卒業者（中退者を含む）に区分して分析を行った。

⑻　有期契約労働者の減少については，非正規職保護法が影響した可能性があるが，男性・青年層の卒業生については影響が大きくなかったと考えられる。第一に，「経済活動人口青年層付加調査」（2005年５月調査および2016年５月調査）の個票データを集計した結果，学校卒業後の最初の職が有期契約あるいはそれに準ずるものであった者の比率は，2005年の41.9％から2016年の41.4％へとほとんど変化がみられない。

⑼　全国金融産業労働組合「期間制法導入以後，期間制勤労者に対する銀行圏の雇用安定事例」（民主党議員総会発表資料：2009年７月２日）による。

⑽　韓国開発研究院（2009）の第６章では，銀行や流通といった産業の事例が紹介されている。

⑾　男性・高齢層の賃金労働者は2004年から2016年のあいだで2.5倍以上に増加した。このように賃金労働者が急増した理由は，①男性・高齢層の人口増加，②労働力率の高まり，③賃金労働者比率の高まりの３つに整理できる。第一の男性・高齢層の人口増加の背景には，朝鮮戦争後のベビーブーム世代の動きがある。韓国のベビーブームは1955〜1963年であり，2010年から順次55歳を超えるようになった。この結果，男性・高齢層の人口は2004年から2016年のあいだに72.0％増加した。第二は労働力率の高まりである。男性・高齢層の労働力率は2004年の59.0％から2016年の63.5％へと4.4％ポイント高まった。韓国では年金制度が成熟していないことから高齢層の労働力率が高い。そして近年は，青年層の就業状況も厳しくなったため子からの仕送りも期待できず，働き続けることで生計を維持する高齢者が増えたことが，労働力の上昇につながっていると考えられる。第三は賃金労働者比率の高まりである。男性・高齢層の賃金労働者比率は，2004年の45.4％から2015年には53.9％へと8.5％ポイント高まった。この理由として，2000年代中盤以降，自営業者が淘汰される傾向が強まっていることが挙げられるが，クムジェホ（2012）は，①近年は輸出が経済成長を主導する傾向が強まり，内需に依存する自営業者の多くが経営難に陥った，②自営業者が集中する卸・小売，飲食・宿泊といった産業が大規模化・専門化したため生き残りが難しくなったことから，自営業者が淘汰されるようになったと説明している。そして，自営業者の淘汰は高齢層において強く顕れ，結果としてほかの年齢層と比較して賃金労働者比率が大きく高まった。

⑿　分析にあたっては個票データを使用した。

⒀　2016年から2017年にかけて定年年齢を60歳以上にすることが順次義務化されている。

⒁　雇用労働部「就業意思がある未就業女性の84.0％が時間選択制を選好——雇用部，女性時間選択制職場需要調査結果——」（2013年12月11日：報道資料）による。なお同調査では「時間選択制」といった用語を使っている。

⒂　国際比較のため，パート労働者の定義が，韓国国内のものとOECDのものでは異なっていることに留意が必要である。

第5章　非正規雇用労働者の動向と労働条件

〔参考文献〕

＜日本語文献＞

金裕盛　2001.『韓国労働法の展開——経済的効率化・政治的民主化・社会的衡平化——』信山社.

高安雄一　2010a.「所得格差の拡大」環日本海経済研究所編『韓国経済の現代的課題』日本評論社 2-19.

高安雄一　2010b.「非正規雇用問題——発生要因と対策——」環日本海経済研究所編『韓国経済の現代的課題』日本評論社 20-37.

高安雄一　2017.「非正規職保護法の対象外である脆弱労働者に関する考察」大東文化大学経済研究所『経済研究』（30）33-44.

労働政策研究・研修機構編（2015）『2015データブック国際労働比較』労働政策研究・研修機構.

＜韓国語文献＞

고용노동부 [雇用労働部] 2013.「비정규직 근로자 보호 정책」[非正規職勤労者保護対策]（2013年10月11日）고용노동부 [雇用労働部].

김수복 [キムスボク] 2016.『비정규직 노동법』[非正規職労働法] 개정5판 [改定5版] 중앙경제 [中央経済].

금재호 [クムジェホ] 2012.「자영업 노동시장의 변화와 특징」[自営業労働市場の変化と特徴]『월간 노동리뷰』[月刊労働レビュー] 10月 57-75.

노동부 [労働部] 2005.「05년 경제활동인구 부가조사 결과분석」[05年 経済活動人口付加調査結果分析]（2005年12月9日）노동부 [労働部].

――― 2006.『노동행정사 제3편 근로자보호정책』[労働行政史　第3篇　勤労者保護政策] 노동부 [労働部].

안주엽 [アンジュヨプ] 2001.「비정규근로 확산의 이론적 고찰」[非正規勤労拡散の理論的考察] 안주엽 외 [アンジュヨプほか]『비정규근로의 실태와 정책과제（Ⅰ）』[非正規勤労の実態の政策課題（1）] 한국노동연구원 [韓国労働研究院] 45-62.

한국개발연구원 [韓国開発研究院] 2009.『비정규직법 시행 2년 평가 및 향후 정책 과제 (1)』[非正規職法施行2年評価および今後の政策課題（1）].

정이환 [チョンイファン] 2010.「비정규 노동과 한국 고용체제의 성격」[非正規労働と韓国雇用体系の性格]『산업관계연구』[産業関係研究] 20(2) 41-62.

第6章

低成長・高齢化時代における社会保障制度の
現状と今後のあり方

金　明　中

はじめに

　韓国における経済成長率の低迷が止まらない。韓国銀行が1月に発表した2016年の経済成長率は2.7％で2015年に続いて2年連続で2％台を記録した。韓国経済の低成長が固着化しているといえる。最近2年間の2％台成長も政府の財政支出の拡大や不動産浮揚政策によって得られた結果であることを顧慮すると，韓国経済の将来が懸念されるところである。さらに，韓国は，今後中長期にわたり急速な少子・高齢化が進むことが予想されており，持続的な経済成長を実現するのが難しい状況である。

　予想以上の低成長や急速な高齢化は社会保障制度にもマイナスの影響を与えている。低成長や企業のグローバル化等により，若者の多くが労働市場に参加する機会や正規職として働く機会を失っている。また，その結果正規職労働者を基準に設計されている社会保障の持続可能性を確保することがだんだん難しくなっている。

　低成長や高齢化が今後も続くことが予想されるなかで，韓国政府は，どのように雇用を創出し，より活気ある社会をつくることができるのだろうか。また，どのように社会保障制度の財源を確保し，持続可能な社会保障制度を構築することができるだろうか。賢明な判断や対策が要求されるところである。

165

本章では低成長・高齢化時代に直面している韓国の社会保障制度，とくに低成長や高齢化の影響が大きいといえる公的扶助，公的年金，公的医療保険，老人長期療養保険制度の概要や現状，そして各制度の最近の改革をまとめて説明している。また，低成長・高齢化によって今後の持続可能性が懸念されている社会保障制度の財政の現状や，今後のあり方について論じた。

　本章の構成は，以下のとおりである。第１節では公的扶助制度の現状や最近のおもな改革を紹介し，第２節では公的年金制度の現状や高齢者の所得保障のために新しく実施されている基礎年金制度等公的年金制度の見直しについて説明している。第３節では公的医療保険制度の現状と改革を明らかにし，第４節では老人長期療養保険制度について述べている。第５節では社会保障制度の財政の現状や財源確保のための議論をまとめ，最後に低成長・高齢化時代における韓国の社会保障制度の今後のあり方に関する提言を行っている。本章の内容が低成長・高齢化時代における韓国の社会保障制度や社会保障関連財政を理解するのに少しでも有効であることを願うところである。

第１節　公的扶助制度の現状と最近のおもな改革

１．韓国における公的扶助制度の変遷

　ここでは，保健福祉部・韓国保健社会研究院〔2010〕から，韓国における公的扶助制度についてみていきたい。

　韓国における公的扶助制度は戦前である1944年に実施された朝鮮救護令を出発点にしているものの，本格的に制度として実施されたのは1961年に生活保護法が制定されてからだといえる。しかしながら，生活保護制度は18歳未満あるいは65歳以上という年齢基準を適用する等働く能力のない者だけを受給の対象にしており，最後のセーフティネット制度としての役割や機能を担うことができなかった。とくに，1997年に発生した通貨危機を

166

原因とする倒産や失業により生活困窮者が増加すると，生活保護制度の問題点がより明らかになり，市民団体を中心に国の責任をより明確にした新しい公的扶助制度の導入が要求され始めた。

市民団体等の提案に対する韓国政府の最初の反応は微温的だったものの，1999年6月21日に金大中元大統領が新しい国民基礎生活保障制度の導入意向を明らかにした蔚山（ウルサン）発言[1]以降，国民基礎生活保障法に対する韓国政府の立場は大きく変わり，2000年10月から新しい公的扶助制度として国民基礎生活保障制度が施行されることになった（表6-1）。

(1) 国民基礎生活保障制度の施行（2000年10月）

2000年10月から施行された国民基礎生活保障制度は，従来は恩恵的な次元から実施されていた公的扶助を，国の権利や国民の義務として位置づけた。また，18歳未満，65歳以上で働く能力のない者に制限していた給付の対象を，働く能力のある現役世代まで拡大するとともに自立に必要なサービスを提供し始めた。

改正のもうひとつの重要なポイントは，給付の判断基準として所得認定額を新設したことである。つまり，国民基礎生活保障制度の受給対象者になるためには，①所得認定額が最低生活費を下回り，②扶養義務者基準[2]を満たす必要がある。2003年から施行された所得認定額は，所得評価額と財産の所得換算額を合算したものである。既存の生活保護法の規定では，生活保護を受給するためには世帯の所得基準や財産基準を同時に満たす必要があり，所得がなくても財産が一定額を超えると対象者として選定されなかった。そこで，このような問題点を改善するために，世帯の所得評価額と財産の所得換算額を合算した所得認定額が最低生活費より低い場合には受給対象者として選定されるように制度を改正した。

(2) 国民基礎生活保障制度の改革（2015年7月1日改正）

近年の経済のグローバル化，産業構造の変化，そして労働力の非正規化の進行などにより所得分配の格差が進み，韓国社会には貧困層が増加することになった。そのようななかで，所得認定額が最低生活費を下回れば，

表6-1　朝鮮救護令，生活保護法，国民基礎生活保障法の比較

	朝鮮救護令	生活保護法	国民基礎生活保障法
法制定年	1944年	1961年	1999年
施行年	1944年	1962年	2000年
法の趣旨および性格	治安および秩序維持，恩恵的な保護（制限扶助）	恩恵的な保護（制限扶助）	国の義務であり，国民の権利（一般扶助）
給付	生計（生活），医療，助産，生業 ※対象者が死亡した場合には埋葬費を支給 ※基本的に給付は現金給付ではなく，食料等の現物給付	生計（生活），医療，出産，葬祭	生計（生活），住居（住宅），医療，教育，自活（生業），出産，葬祭，緊急 ※すべての受給者に基本的に生計給付が支給され，受給者の状況によってほかの給付を支給（2015年6月まで） ※パッケージ給付→個別給付（2015年7月から） ※勤労能力のある者は，自活に必要な事業に参加することを条件に自活給付を支給
対象者	貧困によって生活できない者のうち， ①65歳以上の老衰者 ②13歳以下の児童 ③分娩保護を必要とする妊産婦 ④6歳以下の子どもを扶養している女性 ⑤障がい，疾病等により就労に支障がある者 のいずれかに該当する者	貧困によって生活できない者のうち， ①65歳以上の老衰者 ②18歳未満の児童 ③妊産婦 ④障がい，疾病等により就労に支障がある者 ⑤その他保護機関が同法による保護を必要と認める者 のいずれかに該当する者 扶養義務者基準，所得基準，財産基準を同時に満たす場合に受給権を付与	①扶養義務者がいない，扶養義務者がいても扶養能力がない，または扶養を受けることができない者で所得認定額が最低生活費以下の者 ②①に含まれない場合でも，生活が困難なため一定期間この法が定める給与の全部または一部が必要であると保健福祉部長官が認めた者 扶養義務者基準を満たし，所得認定額が最低生活費以下である場合に受給権を付与
年齢基準	65歳以上の老衰者 13歳以下の児童	65歳以上の老衰者 18歳未満の児童	なし
最低生活費の決定権限	朝鮮総督部	保健福祉部長官	議決：中央生活保障委員会 決定：保健福祉部長官
扶養義務者の範囲	－	直系血族とその配偶者 生計を一にする1親等以内の親族	1親等以内の直系血族と配偶者
国庫負担等	基本的には自治体の負担	①給付費・人件費・行政事務費等：国が1/2を補助 ②自治体が救護施設を設置する場合の費用等：国が7/12の範囲内で補助	①国が40/100〜90/100を負担（地方自治体の財政自立度を考慮し，財政分担比率の差等適用） ②市・道が国の負担分を除いた金額から30/100〜70/100を負担

（出所）　筆者作成。

医療や住居などのほかの給付も受給できるものの，所得認定額が最低生活費の基準を少しでも超えた場合，すべての給付が中止される「All or Nothing」をベースにしていた従来のパッケージ給付方式で広がる貧困を防ぐには限界があった。とくに次上位階層（所得が最低生計費の120%以下かつ国民基礎生活保障制度の給付対象から除外された所得階層）といわれている勤労貧困層は，国民基礎生活保障制度のような公的扶助制度や老齢，疾病，失業等の際に利用できる公的社会保険制度の適用から除外されているケースが多く，貧困から抜け出せない状況におかれていた。そこで，韓国政府は，増加する貧困層に対する経済的支援の拡大や勤労貧困層の自立助長を目的に，国民基礎生活保障制度の給付方式をパッケージ給付から個別給付に変更し，2015年7月1日から施行している。

過去15年間施行されていた国民基礎生活保障制度は，貧困層が増加するなかで受給者の選定基準を厳しく維持していたので貧困の死角地帯[3]の解消に対する対策として適切ではなかった。国民基礎生活保障制度の予算は増加傾向にあるものの，増加した予算は既存の受給者の給付額を増やす方向に働いていたので，その結果死角地帯の貧困層はそのまま放置されるケースが多かった。そこで，韓国政府は国民基礎生活法を改正し，2015年7月1日から①受給者の選定および給付の支給基準を最低生活費から基準中位所得に変更するとともに，②パッケージ給付方式から給付ごとに対象者の選定基準および最低保障水準を決定する個別給付に変更した。また，③扶養義務者基準を緩和すると同時に，④貧困対策に対する政府の義務を強化し，⑤所管中央行政機関の長による基礎生活保障基本計画の策定等を行った。

基準中位所得とは国民基礎生活保障制度の受給者選定の基準となる世帯所得の中位値である。既存の最低生活費方式では，国が健康で文化的な生活を営むために必要な最低限度の金額を決め，世帯の所得認定額と比較して受給権を認めたことに比べて，基準中位所得方式では，世帯の中位所得と所得認定額を比較して受給権を認める。つまり，受給基準を決定する方式が絶対的基準から相対的基準に変更されたともいえる。

2．国民基礎生活保障制度の概要と現状

　ここでは，保健福祉部（2017a）から，国民基礎生活保障制度についてみていきたい。

　国民基礎生活保障制度の給付は，①国家責任による最低生活保障，②保護の補足性，③自立支援，④個別性，⑤ほかの給付を優先，⑥家族扶養を優先，⑦普遍性を原則に支給されている。また，国民基礎生活保障制度は，受給者の権利を強化する目的で支援金の名称を保護から給付に変更し，生計，住居，医療，自活，教育，出産，葬祭，という7つの給付を提供している[4]。

　公的扶助制度である国民基礎生活保障制度の受給者数は，生活保護制度が施行されていた1999年の148万人から2000年には149万人に少し増加したものの，それ以降は減少に転じ，2002年には135万人まで減少した（図6-1）。しかしながら，既存の生活保護制度では，居宅保護対象者と呼ばれる生活無能力者にのみ生計給付が支給されていたので，実際の生計給付の受給者数は，施設保護者を含めても42万人（1999年）に至らなかった。一方，国民基礎生活保障制度が施行されてからは全受給者に生計給付が支給されることになったので，生計給付の受給者数は以前より約3倍も増加することに

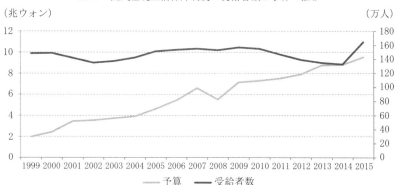

図6-1　国民基礎生活保障制度の受給者数と予算の推移

（出所）　保健福祉部『国民基礎生活保障受給者現況』各年。

第 6 章　低成長・高齢化時代における社会保障制度の現状と今後のあり方

なった。

　また，働く能力の有無と関係なく所得認定額が一定水準以下で，扶養義務者基準を満たせば給付が受けられるようになり，受給者数，とくに生計給付の対象者が2009年には157万人まで増加した。しかしながら，2010年から社会福祉統合管理網が導入されることにより，扶養義務者の居住地や所得がより把握されやすくなった結果，2010年から2014年までに受給者数は減少し続けた。この期間の日本の生活保護制度の受給者数が継続的に増加傾向にあったこととは対照的である。その後，韓国政府が2015年 7 月 1 日に国民基礎生活保障制度の改革を実施することにより2015年の受給者数は再び増加することになった（図6-1）。受給者数の増加には，給付別に受給者選定基準を差別化したことや扶養義務者基準を緩和したこと等がある程度影響を与えたと考えられる。

　生活保護制度が初めて施行された1962年の生活保護の予算は，当時の保健福祉部の予算19.6億ウォンの51％程度である約9.9億ウォンであった。生活保護制度の予算は制度の導入以降増加し続け，国民基礎生活保障制度を導入する前の1999年には1.98兆ウォンまで増加し，2015年現在には9.55兆ウォンに達している。

　2015年における受給率（日本の保護率に当たる）は3.2％で，地域別には全羅北道（5.5％），光州市（4.9％），全羅南道（4.6％），大丘市（4.5％）の順で受給率が高かった。一方，韓国内でひとり当たり GDP が最も高い蔚山市の受給率は1.8％と最も低く，地域別の受給率とひとり当たり GDP のあいだには負の相関がみられ，統計的にも 5 ％水準で有意であった（図6-2）。

　受給者を年齢階層別にみると，40～64歳が33.3％で最も高く，次は65歳以上（27.6％），12～19歳（19.4％）の順であった。世帯人数では単身世帯が60.3％で半分以上を占めており，世帯類型別には一般世帯（31.9％），高齢者世帯（25.8％），障がい者世帯（18.9％）の順で高い割合を占めた。世帯の受給期間は， 1 年未満が27.4％で最も多かったものの，受給期間が10年以上の世帯も24.9％あり，受給期間が長期化する傾向もみられた（図6-3）。日本の事例を参考とすると，今後韓国社会における高齢化の進展は受給期間のさらなる長期化をもたらす可能性が高い。

171

図6-2 韓国における地域別受給率とひとり当たりGDPの相関

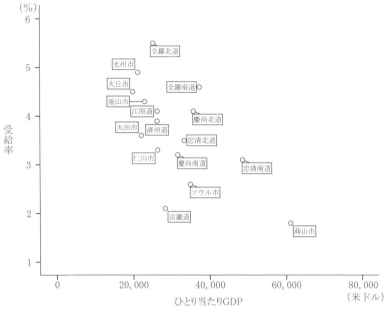

（出所） 統計庁国家統計ポータル（http://kosis.kr）。

図6-3 受給期間別受給者世帯

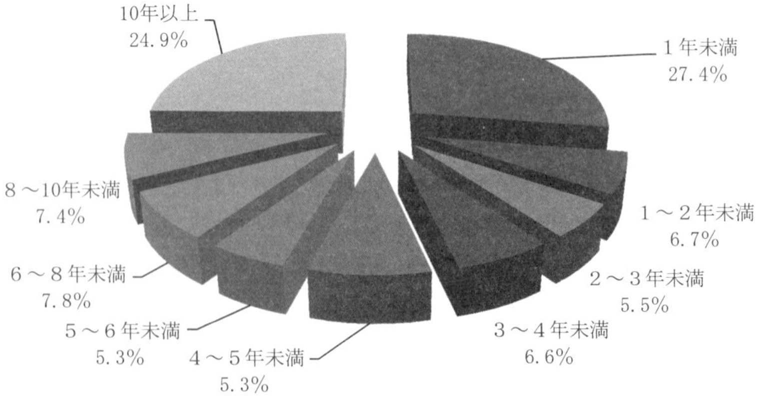

- 10年以上 24.9%
- 8〜10年未満 7.4%
- 6〜8年未満 7.8%
- 5〜6年未満 5.3%
- 4〜5年未満 5.3%
- 3〜4年未満 6.6%
- 2〜3年未満 5.5%
- 1〜2年未満 6.7%
- 1年未満 27.4%

（出所） 保健福祉部（2017b）。

第6章　低成長・高齢化時代における社会保障制度の現状と今後のあり方

表6-2　世帯類型別受給者世帯の年度別推移

（世帯）

		高齢者世帯	少年・少女家長（世帯主）世帯	母子世帯	父子世帯	障がい者世帯	一般世帯	その他の世帯	合計
2001	世帯数	237,443	13,613	70,152	19,128	100,313	217,462	39,964	698,075
	割合	34.0	2.0	10.0	2.7	14.4	31.2	5.7	100.0
2003	世帯数	238,790	13,932	66,636	17,158	112,987	230,827	37,531	717,861
	割合	33.3	1.9	9.3	2.4	15.7	32.2	5.2	100.0
2005	世帯数	244,565	14,823	77,985	19,450	136,892	276,227	39,803	809,745
	割合	30.2	1.8	9.6	2.4	16.9	34.1	4.9	100.0
2007	世帯数	245,935	14,475	82,920	19,934	154,066	294,872	40,218	852,420
	割合	28.9	1.7	9.7	2.3	18.1	34.6	4.7	100.0
2009	世帯数	244,529	13,533	86,961	21,115	171,330	302,202	43,255	882,925
	割合	27.7	1.5	9.8	2.4	19.4	34.2	4.9	100.0
2011	世帯数	237,213	9,798	83,525	20,479	173,751	277,081	48,842	850,689
	割合	27.9	1.2	9.8	2.4	20.4	32.6	5.7	100.0
2013	世帯数	235,601	6,945	76,270	18,366	175,867	251,372	46,123	810,544
	割合	29.1	0.9	9.4	2.3	21.7	31.0	5.7	100.0
2015	世帯数	262,124	5,188	123,497	34,538	191,723	323,289	73,818	1,014,177
	割合	25.8	0.5	12.2	3.4	18.9	31.9	7.3	100.0

（出所）　図6-3と同じ。
（注）　少年・少女家長世帯とは，両親の死亡，離婚，病気，家出，服役等の事由により未成年の者のみで構成された世帯である。家庭に生活能力がなくなった場合，満20歳未満の少年少女が，家長（世帯主）となるのを法的に許可する制度。

　国民基礎生活保障制度の受給者世帯を世帯類型別にみると，2001年に34.0％であった高齢者世帯の割合が2015年には25.8％まで低下している。一方，母子世帯や父子世帯，そして障がい者世帯の割合は増加している（保健福祉部2017b）（表6-2）。高齢化率が上昇しているにもかかわらず，国民基礎生活保障制度の受給者世帯に占める高齢者の割合が低下しているのはなぜだろうか。そのおもな理由としては高齢者が早期老齢年金を含めて公的年金を受給し始めることになったことや，高齢者に対して基礎年金制度等の所得保障制度が拡大・実施されたことが挙げられる。また，景気の低迷や離婚の増加等により高齢者以外の世帯の経済的状況が厳しくなったこともひとつの理由として考えられるだろう。

３．国民基礎生活保障制度の今後の課題

　韓国の公的扶助制度は数回にわたる改正が行われており，そのなかでも重要な改革としては2000年10月の国民基礎生活保障制度の施行や2015年７月の給付方式の変更（パッケージ給付から個別給付）が挙げられる。両改正の大きな目的は，生活困窮者に対するセーフティネットを強化するとともに受給者の自立を促進させることであった。改正の効果なのか2014年に133万人まで減少していた受給者数が2015年には165万人に急増した。まだ受給者に関する詳細なデータが公表されておらず，受給者数の増加が給付方式の変更による効果であるかどうか確言することはできないものの，既存の方式より多くの貧困層が制度の恩恵を受けられることになったことは事実である。今後の課題はどのような方法で受給者の自立を促進させるかにある。低成長・高齢化が予想されるなかで，制度改正が死角地帯を解消し，自立や勤労誘引にプラスの影響を与え，その結果受給者数の減少につながることを韓国政府は望んでいるだろう。しかしながら受給者が自立するのはそれほど簡単ではない。すでに実施している勤労奨励税制（EITC）を有効に活用しながら受給者の自立を促進する方法を模索すべきである。

　国民基礎生活保障制度において，もうひとつ慎重に検討しなければならないのが「扶養義務者基準」である。韓国では2015年の改正により教育給付の選定基準から扶養義務者基準がなくなり，ほかの給付では扶養義務者基準の扶養能力判断基準が以前より緩和された。しかしながら市民団体等は厳しい扶養義務者基準が福祉の死角地帯を解消できない最も大きな理由であると主張し，扶養義務者基準の完全廃止を要求している。日本の場合，生活保護法の第４条２項において「民法に定める扶養義務者の扶養及び他の法律に定める扶助は，すべてこの法律による保護に優先して行われるものとする」としているものの，一般的には現行生活保護法上，扶養は保護の要件ではないという認識が強い。そこで，日本や先進国の事例を参考に扶養義務者基準の見直しを検討するのが望ましい。

第6章　低成長・高齢化時代における社会保障制度の現状と今後のあり方

第2節　公的年金制度の現状と最近のおもな改革

1．公的年金制度の概要

　韓国における公的年金制度は，社会保険方式の公的年金と公的扶助方式の基礎年金制度に区分することができる。社会保険方式の公的年金のなかでは1960年に公務員年金が最も早く導入され，その後1963年に軍人年金が公務員年金から分離され実施された。1975年に導入された私立学校教員年金は，1978年に対象者を私立学校の事務職員まで拡大，その名称を私立学校教職員年金に変更し，現在まで実施されている。1988年にはついに一般国民を対象とする国民年金制度が導入され，1992年には，郵便局の職員を対象とする別定郵便局職員年金制度が実施された。1999年4月からは都市地域の自営業者まで国民年金の対象者になり，いわゆる国民皆年金制度の時代が到来することになった（表6-3）。しかしながら，失業や倒産等により保険料を未納・滞納している人がいることもあり，年金を受け取るための最低の受給資格期間を満たせない人が多く発生した。また，当時の高齢者は公的年金の強制加入対象者から除外されていたので，現在多くの高齢者が経済的に厳しい状況におかれている。そこで，韓国政府は高齢者の基本的な所得を保証する目的で2008年に公的扶助方式の基礎老齢年金制度を導入，2014年から「基礎年金」に名称を変更し現在まで実施している。

2．国民年金制度の現状

　韓国の公的年金のなかで日本の国民年金や一元化される前の厚生年金に相当するのが国民年金である。国民年金制度の基本構造は報酬比例年金のみの1階建てで，財政方式は修正賦課方式により運営されている。制度への加入を促進するために1988年から5年間3％に固定されていた保険料率は，事業所に対しては1993年に6％に，そして1998年に9％に引き上げられた。それ以降は現在まで固定されている。一方，地域の場合には保険料の負担による年金制度への未加入を回避する目的で保険料率の引き上げ時期

175

表6-3　韓国における

区分	導入年度	保険料率	受給資格	年金支給開始年齢	支給方式
国民年金	1988	9％（職場：労使折半，地域：全額本人負担，農漁村地域は政府補助金あり）	10年以上加入	2013年61歳～2033年65歳（段階的に引き上げ）	年金
公務員年金	1960	16％（個人：8％，国：8％）	10年以上服務	2021年まで60歳，2022年61歳～2033年65歳（段階的に引き上げ）	年金と一時金どちらか選択可能
私立学校教職員年金	1975				
軍人年金	1963	14％（個人：7％，国：7％）	19年6カ月以上服務	退職時に支給	

（出所）　国民年金公団（2016），公務員年金公団（2016），国防部（2016），私学年金（2016）か
（注）　加入者数と受給者数の基準年：2015年。

を雇用者より延ばして適用した。たとえば，農漁村地域の場合は2000年から6％に，都市地域の場合は，2000年7月に4％に引き上げた後，1年に1ポイントずつ引き上げ2005年7月からは9％の保険料率を適用している。韓国政府は，国民年金制度が農漁村地域に拡大・施行された1995年から農漁業に従事している加入者の経済的負担を緩和する目的で年金保険料の半分を国庫で補助する制度を導入した[5]。2015年現在この制度を利用している農漁業従事者数は37万3228人に達している。

　国民年金の加入者数は，2015年現在2157万人まで増加した。このうち，事業所加入者数は1281万人で全加入者の59.4％を，地域加入者数は830万人で40.6％を占めている。男女別には男性が1216万人（56.4％）で女性941万人（43.6％）を上回っているが，このように男性加入者の割合が高い理由としては，韓国では日本のように第3号被保険者制度が実施されていないことが考えられる。たとえば，日本の場合，2014年における厚生年金制度の男性加入者の割合は51.8％（3477万人）で，女性の48.2％（3237万人）を少し上回っているものの，韓国ほど差が大きくないことがわかる。

　一方，1999年に125万人であった国民年金の受給者数は，2015年には405万人まで増加した。しかしながら，2015年現在年金保険料を20年間納めたときに受給する完全老齢年金の1カ月平均給付額は85万ウォンで，2015年の2人世帯の最低生活費105万ウォンに至らず，現時点では完全老齢年金を受

第6章 低成長・高齢化時代における社会保障制度の現状と今後のあり方

公的年金制度の概要

所得代替率	給与算定基準	加入者数（人）	受給者数（人）	管掌機関 (執行機関)
2008年50% （40年加入） ↓ 2028年40%	基準所得月額	21,568,354	4,051,371 （受給率：18.8%）	保健福祉部 （国民年金公団）
56.1% （33年加入）	全在職期間の平均 基準所得月額	1,093,038	426,068 （受給率：39.0%）	行政安全部 （公務員年金公団）
		282,467	59,059 （受給率：20.9%）	教育科学技術部 （私立学校教職員年金 公団）
62.7% （33年加入）		183,000	87,134 （受給率：47.6%）	国防部 （保健福祉官室）

ら筆者作成。

給しても経済的に余裕のある生活ができない状況である。また，2015年現在，完全老齢年金を受給している受給者数は全受給者の4.4%である約18万人にすぎず，多くの高齢者がまだ年金の恩恵を受けず，経済的に困窮した状態で過ごしている状況である。

　今後年金が給付面において成熟すると，高齢者の経済的状況が現在よりはよくなると思われるが，大きな改善を期待することは難しい。なぜならば韓国政府が年金の持続可能性を高めるために所得代替率（現役時代の平均収入に対するモデル年金額の割合）を引き下げる政策を実施しているからである。導入当時70%であった所得代替率は，2028年までに40%までに引き下がることが決まっている。所得代替率が40年間保険料を納め続けた被保険者を基準に設計されていることを考慮すると，実際多くの被保険者の所得代替率は政府が発表した基準を大きく下回ると予想される。

　2003年に100兆ウォンを超えた国民年金基金の積立金は，2014年7月末には453兆ウォンまで増加しており，2043年には2561兆ウォンまで増加することが予想されている。しかしながらその後は年金を受給する高齢者が増加することにより積立金は減り続け，2060年には積立金が枯渇されると見通されており，年金財政に対する早急の対策が求められている（図6-4）。

　国民年金基金の運営状況をみると，国内債券の割合が52.8%で最も多く，次が国内株式（18.5%），海外株式（13.7%），オルタナティブ[6]（海外）

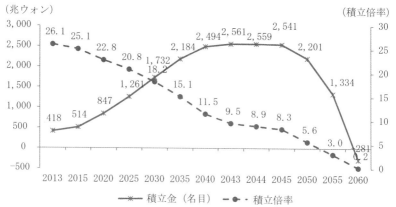

図6-4 積立金と積立倍率の推移

(出所) 国民年金公団 (2014)。

(9.4％) の順になっている。基金運用本部は，国民年金基金の安定的な運営やリスク分散のために，国内債権の割合を減らす代わりに，国内外の株式やオルタナティブの割合を拡大する等年金基金のポートフォリオの多様化を推進している。さらに，2014年5月に開催された「国民年金基金運用委員会」では，2019年を目標とする中期（2015～2019年）資産配分案について議論を行い，今後5年間の目標収益率を5％に定め，目標収益率を達成するための年金基金の最適ポートフォリオを株式35％以上，債券55％未満，オルタナティブ10％以上にする方針を固めた[7]。

3．公的年金制度のおもな改革と基礎年金制度の実施

(1) 公的年金制度の最近のおもな改革

韓国政府が実施した最も大きな公的年金制度の改正は2007年改正だといえる。2007年改正では，保険料率を9％で維持する代わりに，所得代替率を段階的に引き下げて2028年から40％にすることを決めた。また，改正前にはふたつ以上の年金の受給権が発生したときに，ひとつの年金だけを選択して年金を受給していたものの，改正により選択した年金の全額給付と

選択していない年金からの一部の給付が受給できるようになった。さらに，一定期間の保険料を国が代わりに負担する出産クレジット制度や軍服務クレジット制度を導入することにより，女性や若者における将来の年金受給権がより強化されることになった。それ以外にも，繰り下げ年金制度，求職給付の受給者に対する老齢年金の支給，返還一時金の支給時期の調整，遺族年金受給条件の男女間差別の解消，障がい年金の給付対象の拡入，標準所得月額の廃止，資格取得月の年金保険料の免除等が実施された。

2008年からは高齢者の年金受給権や老後所得を保証する目的で公的年金連携制度を実施している。公的年金連携制度はすべての年金制度の加入期間を合算して年金の受給資格や給付額を計算する仕組みである。2011年からは年金，医療，労災，雇用という四大公的社会保険の保険料徴収業務を一元化し健康保険公団で運営・管理している。また，2012年7月には10人未満の小規模事業所を対象に国民年金と雇用保険の保険料の一部を支援する「ドゥルヌリ事業」が施行された。

2015年5月29日には公務員年金改正案が国会で成立され，2016年1月1日から施行されている。改正のおもな目的は膨れ上がる年金赤字を抑制するとともに，国民年金との公平性を改善するためである。改正により，保険料率の段階的な引き上げ（2020年までには9％に）[8]，年金の支給開始年齢の統一（2033年までには65歳に），遺族年金支給率の引き下げ（70％から60％に），分割年金制度の導入（離婚時に年金給付額の2分の1を配偶者に支給），年金の受給資格期間の短縮（既存の20年から10年に）等が実施されることになった。

2016年8月からは求職活動中の失業者が年金保険料の納付を希望する際に，本人が保険料の25％だけを納付すれば，政府が保険料の75％を支援する失業クレジット制度が施行されている。2017年には約82万人が制度の対象者になると推計されている。

(2) **基礎老齢年金制度（2008年）と基礎年金制度（2014年7月）の実施**

韓国政府は，国民年金や特殊職年金などの公的年金を受給していない高齢者や受給をしていても所得額が一定水準以下の高齢者の所得を支援するために2008年から補完的な性格をもつ基礎老齢年金制度を導入した[9]。実際，

179

韓国における高齢者の経済的状況はあまりよくない。OECD（2015）によると，韓国の高齢者貧困率は49.6％で，比較対象34カ国のなかで最も高い水準であり，OECD 平均12.4％の 4 倍に達している。韓国において高齢者世帯の貧困率が高い理由としては公的年金がまだ給付面において成熟していないことや早い退職年齢により所得の空白期間が長くなっていることが挙げられる。

基礎老齢年金は，65歳以上の全高齢者のうち，所得と財産が少ない70％の高齢者に定額の給付金を支給する制度で，2008年 1 月からは70歳以上の高齢者に，2008年 7 月からは65歳以上の高齢者に段階的に拡大・実施されている。

基礎老齢年金の給付は所得認定額によって決められ，2014年基準で，高齢者単身世帯の所得認定額が 87万ウォン以下，高齢者夫婦世帯の所得認定額が139.2万ウォン以下であれば，基礎老齢年金が受給できた。基礎老齢年金の給付額は，単身世帯である場合には 1 カ月当たり最大 9 万6800ウォンが，夫婦世帯である場合には最大15万4900ウォンが支給された。財源は，国と地方自治体が共同で負担する仕組みになっているが，地方自治体の高齢化率や財政状況を考慮し，地域別に異なる国庫補助率（40〜90％）を適用している。

韓国政府は2014年 7 月からは既存の「基礎老齢年金制度」を改正した「基礎年金制度」を実施している。「基礎年金制度」は，朴槿恵前大統領の選挙公約のひとつであり，給付額を最大20万4010ウォン（最低 2 万ウォン）まで引き上げた。受給対象者は65歳以上高齢者のうち，所得認定額が下位70％に該当する高齢者であり，2017年基準で高齢者単身世帯の所得認定額が 119万ウォン，高齢者夫婦世帯の所得認定額が190.4万ウォンを下回る場合基礎年金が受給できる。

4．公的年金制度の今後の課題

今後，韓国の公的年金制度における大きな課題は，積み立てられた基金をどのように効率的に運用するのかということと，年金の財政収支バラン

スを維持することである。

1988年に導入された韓国の国民年金制度は加入者数が 2000万人を超え，基金の規模も2015年2月現在482兆ウォン（53兆円）に達し，日本のGPIFやノルウェーの政府年金基金グローバル（GPFG）に次ぐ世界3位の年金基金に成長した。しかしながら韓国の国民年金基金の2013年の運用収益率は4.2％にすぎず，カナダのCPP（22.2％），日本のGPIF（18.5％），ノルウェーのGPFG（15.9％）にかなり大きな差をつけられている。ほかの年金基金と差をつけられている理由としては，基金の投資先が相対的に収益率の低かった国内債券などに偏っていた点が考えられる。韓国政府は収益率を改善する目的で，投資運用専門家を増員する計画を立てているが，政府の計画どおり優秀な人材が確保できるかどうかは未知数である。実際，韓国政府が推進している公的機関の地方革新都市への移転にかかわる問題で，国民年金公団が2016年に全州への移転を確定すると，国民年金基金運用本部内の投資専門家の離職が続いた。投資専門家を維持・確保するためにさらなる工夫が必要であるだろう。

年金の財政収支バランスを維持するためには何よりも長い間固定されている保険料率を引き上げる必要がある。今後年金受給者の増加により，将来年金財政の赤字や枯渇に対する危機感が高まるなかで，なぜか保険料率の引き上げに対する議論は上手く進まず，9％の保険料率が長期間維持されてきた。そこには政治的な利害関係が深くかかわっていると思われるが，「共助」の精神をもつ年金の持続可能性を高めるためには現実に適した保険料率を適用することが妥当であるだろう。

第3節　公的医療保険制度の現状と最近のおもな改革

1．韓国における公的医療保険制度の概要と現状

1977年に500人以上の事業所を対象に初めて公的医療保険制度を施行した韓国政府は，その後適用範囲を少しずつ拡大し，1988年以降には5人以上

の事業所まで制度を拡大・実施した。また，1988年に郡地域の住民を，そして1989年に都市地域の住民をその対象者として適用することによって制度を導入してから満12年目で国民皆保険が実現された。それ以降は1997年12月31日に国民医療保険法を制定し，1998年10月1日から，既存の組合主義方式の医療制度から統合主義方式に変更することになり，公・教組合と227個の地域医療保険組合を統合した。さらに1998年2月に労社政委員会で医療保険統合に関する合意がなされ，2000年7月1日に139カ所の職場組合までを含む健康保険組合の完全統合を達成した。また，2000年8月からは医薬品の過剰投薬と乱用の防止，国民の薬剤に対する意識の変化，医薬品の取引の透明性向上，情報の非対称性を解消する目的で，強制的な医薬分業を実施している。日本と韓国の医療保険制度は社会保険方式，国民皆保険という共通点をもっているが，医療保険制度の体系は日本が複数の保険者が医療保険を管理・運営する複数保険者方式を実施していることに比べて，韓国はひとつの保険者が医療保険を管理・運営している単一保険者方式を実施している。また，日本が組合ごとに異なる保険料率を適用していることに比べて，韓国の保険料率は2000年に行われた医療保険組合の統合政策により，現在は同じ保険料率が適用されている。2006年に4.48％であった国民健康保険の保険料率は2016年には6.12％まで引き上げられたものの，日本と比べると韓国の保険料率が相対的に低い。

　韓国の公的医療保険制度は国民健康保険制度に一元化されているが，健康保険の保険料算定方式は職場加入者と地域加入者によって異なる。職場加入者の場合は勤労所得だけが保険料に反映されていることに比べて，地域加入者の保険料は，世帯単位で徴収され，所得，財産，自動車，生活水準および経済活動参加率などが反映される(10)。職場加入者に比べて地域加入者の保険料算定方式がこのように複雑な理由としては，過去に自営業者を中心とする地域加入者の所得が十分に把握されていなかったことに起因する。

　韓国における医療費の自己負担割合は入院や外来により区分される。入院の場合の自己負担割合は20％が一括適用されることに比べて，外来の場合は，医療機関の所在地や種類により異なる自己負担割合が適用されてい

る。また，日本の高額療養費制度と類似な制度が2013年から本人負担上限
制という名前で実施されている。これは，家計の医療費負担を減らす目的
で導入され，１年間に医療機関や薬局の窓口で支払った医療費の自己負担
総額が所得段階別本人負担上限額を超えた場合，その超えた金額が国民健
康保険公団から支給される仕組みになっている[11]。上限額には毎年の物価
上昇率が反映される。

２．公的医療保険制度のおもな改革

⑴ 医薬分業の実施（2000年７月）

韓国では2000年７月１日に，数多くの紆余曲折の末に医薬分業が実施さ
れた。医薬分業とは医院や病院などの医療機関が自院で薬を出さないで患
者に処方箋を出し，患者はその処方箋を保険薬局へもって行って，処方箋
と引き替えに医師の処方した保険薬を購入する仕組みである。

医薬分業の実施により，医師は診療，薬剤師は調剤という両者における
役割分担がより明確になり，医薬品の誤・乱用は以前より減少したといえ
るだろう。しかしながら，医薬分業の実施が医療費の減少につながってい
るかどうかはまだ明確ではない。診療報酬をめぐる製薬会社と医療機関と
の不健全な取引を防いだ結果，医療費が減少した可能性もあるものの，院
内処方の処方料や調剤料より高い院外処方の処方箋料や調剤料は，医療費
の増加につながっている恐れもある。

⑵ 混合診療の現状や医療保険の三大非給付に対する改善作業（2014年〜）

日本では原則的に禁止されている混合診療が韓国では以前から「選択診
療」という名で実施されている。韓国における選択診療制度とは患者ある
いは保護者が病院[12]以上の医療機関を利用する際に，特定の資格を満たし
ている医師を選択して診療を受けることを意味し，それによる追加費用は
全額患者が負担する仕組みである。

韓国政府が選択診療制を実施した実際の理由は，低く設定されている健
康保険の診療報酬や私的医療機関に比べて相対的に低く設定されている公

183

的医療機関の医療陣の賃金を補填することと，総合病院や大学病院などへ患者が集中することを抑制するためである。

2014年12月末現在，選択診療は，病院以上の医療機関2243施設のうち，18.1％に当たる405施設（漢方病院や歯科病院を含めて）で実施されている。また，医療機関における選択診療を担当する医師の指定比率は上級総合病院[13]が79％で最も高く，次は総合病院（病床数100床以上，69％），病院（病床数30床以上，52％）の順である。2013年に選択診療を利用した経験のある患者の割合は，40％（入院49.3％，外来40.2％）であったが，上位五大病院の場合は外来患者の75.9％，入院患者の93.5％が選択診療を利用していた。

韓国政府は患者の医療費負担を減らす目的で，医療保険が適用されない選択診療費，差額室料（上級病室料），看病費用という「医療保険の三大非給付」に対する改善作業を推進している。これを実現するために患者が選択診療を受ける際に健康保険が適用される診療費に追加的に支払う「追加費用算定基準」を2014年8月から既存の20〜100％から15〜50％に引き下げた。また，2017年までには選択診療を完全に廃止する方針である。しかしながら，選択診療を担当する指定医師の割合をある程度維持すべきだという，選択診療の完全廃止に対する反対の意見も少なくない。とくに選択診療の廃止による医療機関の収入減少や医療サービスの質の低下を懸念する声が高い。そこで，韓国政府は，①高度の手術や処置，機能検査等に対する診療報酬を引き上げることで，選択診療の段階的な縮小による医療機関の収入減少を補填する，②重症患者を対象にする医療サービスの診療報酬も引き上げ，医療の質向上のための分担金や患者の安全のための診療報酬を新設するという措置を行っている。

また，差額室料の改善作業も推進している。差額室料の改善作業の基本方向は，差額室料が適用されない一般病室を拡大し，患者の医療費負担を軽減させることである。差額室料の改善作業により，2014年9月以降一般病室の基準が6人部屋から4人部屋に拡大された。また，2015年9月から上級総合病院や総合病院における全病室に占める一般病室の割合を既存の50％から70％に拡大した。差額室料は医療機関の規模が大きくなるほど高く設定（最大約3.5倍の差があった）されており，一般病室の空きがないのが

原因で，仕方なく上級病室を利用している患者やその家族にとって，大きな負担になっていた。

さらに，看病サービスの仕組みも改正しようとしている。韓国では家族が患者を看病する伝統的な医療文化が残っており，家族が仕事等で患者の看病ができない場合には看病人を雇って患者の身の回りの世話をさせている。看病にかかる費用は医療保険が適用されず，患者やその家族にとって大きな負担になっている。この問題を解決する目的で今後は看護師や看護補助人材を増員し，病院内で看護サービスと看病サービスが両方提供できる包括的看護サービス（医療保険が適用可能）を段階的に拡大・実施する方針である[14]。

3．公的医療保険制度の今後の課題

韓国の公的医療保険制度は低負担，低給付，低診療報酬を原則にしており，給付水準が低く，家計の負担が大きい。そこで公的医療保険の保障率が低いことを理由に，多くの人々が民間医療保険に加入している。韓国の健康保険政策研究院が 2016年に実施した調査結果によると，2015年における世帯の民間医療保険の加入率は 88.1％で，2014年の 85.9％に比べて2.2ポイントも上昇していることが明らかになった。民間医療保険のなかでもとくに加入率が高いのは実損塡補型の医療保険（以下，実損塡補型保険）である。実損塡補型保険とは，公的医療保険の自己負担分や公的医療保険が適用されない診療費や差額ベッド代等，実際にかかった費用を支払うタイプの保険であり，韓国では 2003年に導入されてから急成長している。しかしながら実損塡補型保険の仕組みを悪用した一部医療機関の過剰診療や加入者の医療ショッピング[15]等のモラルハザードも続出しており，実損塡補型保険と関連して支払われた保険金も急増している。一部の被保険者や医療機関のモラルハザードにより発生したことであるものの，そもそも公的医療保険の給付水準が低いことが原因であるといえる。そこで，公的医療保険の給付水準を改善する必要性は高く，そのためには保険料率を引き上げることにより財源を確保することが何より大事である。しかしながら保

険料率引き上げに対する国民の拒否感が強く，政治家の場合も選挙での勝利を優先的に考えており，保険料率引き上げによる財源の確保がなかなか難しい状況である。韓国は今後高齢化の進行により医療保険の財政がさらに悪化することが予想されており，より早い段階で財源確保のための対策を実施することが要求されている。韓国より先に少子高齢化を経験し，高齢者に対する医療制度を実施してきた日本の事例から韓国の政策プランナーが学ぶところは多いだろう。

第4節　老人長期療養保険制度

1．韓国における老人長期療養保険制度の現状

⑴　老人長期療養保険制度の施行までの流れ

　日本が1994年に厚生省（現厚生労働省）内に高齢者介護対策本部を設置し，介護保険制度の導入に向けて本格的に動いたように，韓国も1999年12月に老人長期療養保護政策研究団を設置してから老人長期療養保険制度の導入に対する準備を始めた。同団体は，2000年に老人長期療養保護政策企画団に名称を変更して以降，同年12月に「老人長期療養保護総合対策方案」を発表し，老人長期療養サービスの概念やサービスの供給モデル，そして老人長期療養保護を実施するための人材や施設の基盤を構築するための基本的な案を提案した。その後2001年8月に金大中元大統領が祝辞で老人長期療養保険制度の導入に対する意思を公式に表明したことや，2002年の大統領選挙で盧武鉉元大統領が老人長期療養保護制度の導入を公約事項として提示したことにより，老人長期療養保護制度の導入がほぼ確実になった。

　老人療養保護制度の施行のための準備体系を構築する過程で，2003年には公的老人療養保障推進企画団が，2004年には公的老人療養保障制度実行委員会が次々と設立され，制度の名称や運営方式，被保険者や給付対象，サービスの種類，財源や管理運営機構などの具体的な内容が議論された。2007年4月2日には国会本会議で老人療養保障法が成立されることにより，

186

老人長期療養保険制度を施行するための基盤が整えられた。

韓国政府は制度の基盤整備を目的に3回にわたるモデル事業(16)を行い，2008年7月から老人長期療養保険制度を施行している。

(2) 老人長期療養保険制度の導入目的

韓国政府が老人長期療養保険制度を導入した理由のひとつとして挙げられるのは急速な人口高齢化である。韓国政府が本格的に介護保険制度の導入を議論し始めた2000年の韓国の高齢化率は7.2%で，日本が介護保険制度の導入を議論し始めた1994年の14.1%（2000年17.3%）に比べるとはるかに低い水準であった。つまり，当時の人口構造的な面からみると韓国における介護保険制度の導入に対する議論はあまりにも時期尚早（日本と比較すると）だったかもしれない。しかしながら公的医療保険の財政赤字が続き，政府の国庫負担が増加していることや将来的に早いスピードで高齢化が進むことにより公的医療保険の財政状況がますます深刻になることを懸念した韓国政府は，日本で2000年4月から施行された介護保険制度に関心をもつようになった。2014年における韓国の高齢化率は12.7%で，同年の日本の26.0%に比べると低い水準であるものの，少子高齢化のスピードが日本より早く，2060年には39.9%に達すると推計されている。

図6-5は，高齢者ひとりを支える現役世代の数（15〜64歳人口/65歳以上人口）の推移と将来推計を日韓でみたものであり，この数値が小さくなることは現役世代の負担が増加することを意味する。たとえば，日本の場合1960年には現役世代11.2人が高齢者ひとりを支えていたが，2014年にはその数が2.4人に減り，さらに2060年には1.3人まで減ると予想されている。韓国の場合は日本より現役世代の減少幅が大きく，高齢者ひとりを支える現役世代の数は1960年の20.5人から，2014年には5.8人まで急速に低下しており，さらに2060年には1.2人になり，日本を下回ることが見通されている。

また，核家族化の進行や女性の社会進出の増加も韓国政府が老人長期療養保険制度の導入を急いだひとつの理由であるだろう。韓国における平均世帯人員は1980年の4.62人から2010年には2.69人まで減少しており，日本（2.59人，2010年）と同様に核家族化が進んでいる。さらに，女性の社会進

図6-5　高齢者ひとりを支える現役世代の数の推移と将来推計

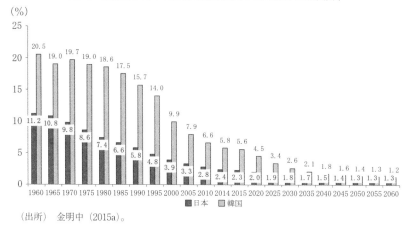

（出所）　金明中（2015a）。

出がますます進んでおり（とくに若い女性を中心に）(17)，介護の社会化が求められることになった。

　韓国政府が老人長期療養保険制度を導入したもうひとつの理由は公的医療保険の財政赤字が続いたことが考えられる。韓国における公的医療保険の財政は1997年から赤字に転落し，赤字金額も毎年増加している。支出の大部分は診療に対する保険給付費（2014年基準96.8％）が占めており，韓国政府は将来的に急激な少子高齢化が進むことにより公的医療保険の財政状況がさらに悪化し，国庫負担の金額が大きく増加することを懸念して，いち早く介護保険制度の導入を検討したと考えられる。実際に，65歳以上高齢者のひとり当たり年間平均診療費は，2005年の155万ウォンから2014年には322万ウォンまで増加しており，全年齢階層の平均108万ウォン（2014年）の約3倍にも達している。また，高齢化の進展や高齢者医療費の増加により，全診療費に占める高齢者診療費の割合も2005年の24.4％から2014年には35.5％まで急増した。

　このような高齢者の増加や現役世代の減少，核家族化の進行による平均世帯人員の減少，女性の社会進出の拡大，高齢者医療費の増加による公的医療保険の財政の悪化などが，韓国政府が老人長期療養保険制度を導入し

第6章　低成長・高齢化時代における社会保障制度の現状と今後のあり方

たおもな理由であるといえるだろう。

(3)　老人長期療養保険制度の概要と現状

　韓国における老人長期療養保険制度は，高齢や老人性疾患などが原因で日常生活をひとりで営むことができない高齢者等に，身体活動あるいは家事支援等の老人長期療養保険制度からのサービスを提供することにより，高齢者の老後の健康増進や生活安定に寄与し，その家族の負担を減らすことで国民の生活の質を高めることを目的としている。

　韓国の老人長期療養保険制度は，日本の介護保険制度をモデルとして研究して導入されたものの，制度の施行においては被保険者層を拡大し，手続きやサービスの内容を簡素化するなど国の財政的・行政的負担を最小化しようとした。たとえば，日本の介護保険制度は40歳以上を被保険者にしたことに比べて，韓国の老人長期療養保険制度は，公的医療保険の被保険者すべてを老人長期療養保険制度の対象にしている（表6-4）。保険料率は日本が介護保険の保険料率を別に設定していることに比べて，韓国は公的医療保険の保険料に老人長期療養保険保険料率（2016年基準6.55％）を掛けて算定している。

　一方，サービスが利用できる対象者は65歳以上の高齢者や65歳未満の老人性疾患を抱えている者に制限した。財源の仕組みは両国ともに保険料と国庫負担，そして自己負担を基本にしているものの，介護サービスを利用するときの自己負担割合は日本が在宅・施設サービスともに10％であることに比べて，韓国は在宅が15％，施設が20％で日本より高い。このように韓国が日本よりサービス利用時の自己負担割合を高く設定しているのは「財政支出の最小化」という韓国政府の財政運営方針に基づいていると考えられる。

　韓国の老人長期療養保険制度からのサービスは，在宅サービスと施設サービス，そして特別現金給付が提供されている。日本とは異なって韓国政府が介護を担当する家族に対して現金給付を支給することを決めた理由は，制度の導入初期に介護を担当する人材を十分に確保できず，山間僻地等の需要に対応することができないことを懸念したからである。

189

表6-4　日韓における介護保険制度の比較

	日本	韓国
制度名	介護保険	老人長期療養保険
施行時期	2000年4月	2008年7月
制度導入時の高齢化率	17.3%	10.3%
最近の高齢化率	26.7%（2015年）	13.1%（2016年）
管理運営	市町村	国民健康保険公団
サービスの種類	在宅，施設	在宅，施設
財源	保険料＋国庫負担＋本人負担	保険料＋国庫負担＋本人負担
財源の構成	・施設→保険料50%，国20%，都道府県17.5%，市町村12.5% ・在宅→保険料50%，国25%，都道府県12.5%，市町村12.5%	国庫負担20%，介護保険料60〜65%，利用者負担15〜20%
被保険者	第1号被保険者：65歳以上 第2号被保険者：40歳以上〜65歳未満	公的医療保険の被保険者
保険料	協会建保：1.58%	公的医療保険保険料率×6.55%（所得対比 0.4%）
サービス利用時の自己負担割合	・在宅と施設ともに10% ・一定以上の所得がある人は20%	在宅：10%，施設：20% ・公的扶助の国民基礎生活保障制度の対象者は無料 ・次上位者は施設10%，在宅7.5%
介護等級	7段階	5段階（2014年から拡大）
要介護認定の有効期間	(1) 要介護，要支援（新規）認定の有効期間：6カ月（市町村が必要と認める場合にあっては，3カ月から12カ月のあいだで月を単位として市町村が定める期間） (2) 要介護更新認定の有効期間：12カ月（市町村が必要と認める場合にあっては，3カ月から24カ月のあいだで月を単位として市町村が定める期間） (3) 要支援更新認定の有効期間：12カ月（市町村が必要と認める場合にあっては，3カ月から11カ月のあいだで月を単位として市町村が定める期間）	1等級：3年 2〜5等級：2年
要介護認定者	619万人（2015年10月，高齢者人口の18.2%）	52万人（2016年，高齢者人口の7.6%）
現金給付	なし	あり

（出所）金明中（2016）を修正・補完。

第6章　低成長・高齢化時代における社会保障制度の現状と今後のあり方

　長期療養給付の申請者は等級判定手続きによって認定者と等級外に区分される。等級判定は日本のコンピュータによる判定等を省略することによって簡素化した。また，日本が介護認定の等級を7段階に区分していることに比べて，韓国は軽度のものから順に5等級，4等級，3等級，2等級，1等級と5段階に区分している。1等級から5等級までの認定者は長期療養認定書に書かれている長期療養等級，長期療養認定有効期間，給付種類および内容に基づき，みずから選んだ施設等と契約を結ぶことにより長期療養給付を利用することができる。一方，等級外として判定された者は地方自治体が提供する情報サービスや老人福祉館の利用など一部のサービスしか利用できない。長期療養等級の有効期間は1等級が3年で，2〜5等級は2年である。

　老人長期療養保険制度に対する認知度が広がることにより，2008年に34万人であった申請者数は2016年には84.9万人と2倍以上も増加した。また，同期間における認定者数も21.4万人から52万人に増加している。52万人は高齢者人口（2016年推計人口）の7.6%に該当する数値であり，日本の18.2%（2015年10月）に比べるとまだ低い水準である。しかしながら，今後，急速に人口高齢化が進むことにより，申請者数や認定者数は早いスピードで増加することが予想されており，将来に対する緻密な対策が要求されている。

　2016年12月現在の認定者数の等級別内訳をみると，4等級の認定者が全体の36.3%（18.9万人）で最も多く，つぎに3等級（18.6万人，35.8%），2等級（7.4万人，14.2%），1等級（4.1万人，7.9%），5等級（3.0万人，5.8%）の順になっている。

　老人長期療養保険制度認定者の男女別割合は女性が73.1%で男性の26.9%を大きく上回っている。そして，年齢階層別には65歳未満の割合は5.3%にすぎず，65歳以上が94.7%で認定者の大部分を占めており，さらに年齢が上がるほど認定者の割合が高くなった。

(4)　老人長期療養保険制度の管理・運営体系等

　韓国における老人長期療養保険制度のおもな指導および監督は保健福祉部や地方自治団体が担当する代わりに，等級判定やサービスモニタリング

の実施，資格管理・保険料の賦課・徴収，等級判定委員会の運営という業務は国民健康保険公団が担当している。また，被保険者は保険料を納める義務があり，老人長期療養保険制度からのサービスの利用を希望するときには等級判定を申込み，認定されたらサービスに対する利用者負担金を支払うことによりサービスを利用することができる。長期療養サービス事業者が提供するサービスは在宅サービスと施設サービスがあり，在宅サービスとしては訪問療養，訪問入浴，訪問看護，昼・夜間保護，短期保護，福祉用具の購入・貸与などのサービスが，施設サービスとしては老人療養施設や老人療養共同生活家庭（グループホーム）が提供されている。

施設サービスは，老人長期療養保険制度が施行される以前には，老人療養施設，老人専門療養施設，実費老人療養施設，有料老人専門療養施設，有料老人療養施設などで提供されていたが，管理をより効率的にするために老人長期療養保険の施行直前である2008年4月に老人療養施設というひとつの施設に統合し，運営している。そして，施設の不足などによりサービスが利用できないことを防ぐ目的で，老人療養施設より設備および人材配置に関する基準を少し緩和した老人療養施設の縮小版ともいえる老人療養共同生活家庭を新設した。施設サービスを提供している機関は，2008年の1700カ所から2014年には4871カ所と2.87倍に増加した。また，在宅サービスの提供機関も同期間に9961カ所から2万747カ所と2.16倍に増えている。

老人長期療養保険制度のサービスをおもに担当しているのは，日本の介護福祉士やホームヘルパー1級・2級のような業務を担当する療養保護士である。療養保護士の資格をもっている者は約129万人もいるが，そのなかから2014年現在施設等で活動している者は26万6538人にすぎず，多くの療養保護士が労働市場から離れたり，ほかの職についている状況である。このように療養保護士の労働市場参加率が低い理由は，日本と同じく療養保護士の賃金が低く勤務環境が劣悪だからである。療養保護士の月平均賃金は130～150万ウォン前後と推定されているが，これは最低賃金を少し上回る低い水準である[18]。さらに，正規労働者の月平均賃金324万ウォン（2015年）と比較すると，療養保護士の賃金水準は正規労働者の50％にも至らない。

2．韓国における老人長期療養保険制度の今後の課題

　韓国で老人長期療養保険制度が施行されてから今年で10年目を迎えている。施行初期には人材や施設，そして認知度の不足などで制度がうまく動くか懸念されたこともあったものの，何とか制度として定着した。ただし，問題がないわけではない。韓国は日本の制度を参考として財政的な負担を最小化するかたちで老人長期療養保険制度を導入したものの，今後制度の持続可能性維持のためには新しい財源を確保する工夫が必要である。韓国の老人長期療養保険制度に対する財政支出は2014年現在4.2兆ウォンで，これは同時期の GDP1485兆ウォンの0.28％にすぎない水準であり，日本の介護保険総費用の対 GDP 比1.87％に比べるとかなり低い水準である。このような韓国政府の低い財政支出は，療養保護士など老人長期療養保険関連施設で働く労働者の賃金や処遇水準を低くした要因になっている可能性が高い。そこで，将来的により安定的な労働力を供給するためには，また多くの若者が老人長期療養保険関連施設で働くようにするためには，療養保護士など老人長期療養保険のサービスを担当する労働者の処遇水準や勤務環境を改善する必要があり，そのために韓国政府は新しい財源を確保し政府支出を増やす必要がある。

　老人長期療養保険制度に対する満足度調査では，サービスに対する満足度が高く現れたものの，この結果はサービスの質の高さの満足度というよりは，今までなかった制度が利用できるようになったことに対する満足度，制度が導入されたことによって一部の負担でサービスが利用できるようになった満足度がより大きかったのではないかと考えられる。今後はサービスの先進化や質的水準を向上する等，利用者がサービスの質に対しても満足できるように政府の努力が必要となる。

第5節　社会保障制度の財政の現状や財源確保のための議論

　韓国政府の分野別予算配分の考え方は，時代的要求や経済・社会の状況

により大きく変化している。1970年代には政府予算の20〜30％を占めていた
国防費は，金額では過去に比べて増加しているものの，予算に占める割合
は10％前後まで低下している。一方，2007年に61.4兆ウォンであった保健・
福祉・雇用分野の予算は2016年には約2倍水準の123.4兆ウォンまで増加し，
同期間における予算に占める割合も25.9％から31.9％まで上昇した。

　しかしながらほかの国と比べると韓国の社会保障関連支出はそれほど高
くない。最近の OECD の SOCX[19] データを参考にすると韓国の社会支出の
対 GDP は，2012年現在10.1％で OECD 平均22.1％を大きく下回っている。
とくに，老齢，保健，家族，雇用政策に対する構成比がほかの国に比べて
低い。ほかの国に比べて高齢化が進んでいないことや公的年金がまだ受給
面において成熟していないことがその原因であるだろう。しかしながら今
後早いスピードで人口高齢化が進むことにより，社会保障関連支出は大き
く増加することが予想されている。韓国政府が2013年に実施した「社会保
障長期財政推計結果」では，社会保障関連支出は2030年には635兆ウォンに，
さらに2060年には2722兆ウォンまで増加すると推計しており，2013年（130
兆ウォン）のおよそ20倍に達している。

　ある分析では，現在の公的医療保険制度や公的年金制度を維持するため
には，公的医療保険の場合，現在6％である保険料率を2030年までに12％
に，さらに2060年までに22％に引き上げる必要があり，2060年に基金がなく
なる国民年金の積立金の枯渇時期を2100年以降に延ばすためには現在9％
である保険料率を2018年からは11％に，2023年からは13％に引き上げる必要
があると推計している（ウォンゾンウック 2015）。この保険料率を対 GDP
比の国民負担率に反映すると，2014年に24.6％（OECD 平均は34.4％）であっ
た韓国の対 GDP 比の国民負担率は2060年には39.7％まで上昇することにな
る[20]。

　現在の社会保障制度を将来にも持続可能な制度にするためには公的社会
保険の保険料率（とくに公的年金）の引き上げが優先的に実施される必要が
あるものの，保険料率の引き上げが選挙に不利に働くことを懸念した与党
や政府はずっと保険料率の引き上げを見送ってきた。

　一方，低成長が続くなかで，家計債務の増大が顕在化していることも韓

第6章　低成長・高齢化時代における社会保障制度の現状と今後のあり方

国政府が保険料率引き上げを見送るひとつの理由であるといえる。通貨危機後の1998年に183.6兆ウォンであった家計債務は2016年第3四半期には1296兆ウォンまで増加した。韓国政府は家計債務の問題を解決する目的で，2008年9月から実施されてきた信用回復基金を改正，2013年3月29日に国民幸福基金[21]を設立し，債務調整や低金利への切り替えなどの政策を実施しているものの，家計債務の総額はむしろ増加しており，保険料率の引き上げがなかなか難しい状況である。

　では，日本のように消費税（韓国では付加価値税）率を引き上げるのはどうだろうか。韓国の付加価値税率は現在10％，2015年の付加価値税の税収は54.2兆ウォンで，2014年の57.1兆ウォンに比べて3.0％も減少した。一方，自動車やテレビなどの一部製品に賦課している個別消費税，いわゆる贅沢税は税率を一定期間のあいだ，5％から3.5％まで引き下げた影響で税収が2014年の5.6兆ウォンから2015年には8.0兆ウォンに増加した。このような現状を考慮すると，現段階での税率の引き上げは消費をさらに萎縮させる可能性が高いかもしれない。また，韓国の経済学者のあいだでは消費税率の引き上げは北朝鮮との統一後が望ましいというのが一般論であるようである。つまり現在の消費税率の引き上げは国民の反感を買い，選挙に不利に働く懸念があるものの，統一後には消費税率の引き上げがある程度正当化されるというのが彼らの主張である。

　一部では法人税率を引き上げるべきだという主張もあるものの，近年，法人税の引き下げが世界的な潮流となっているなかで，韓国だけが法人税率を引き上げることは国際競争力をさらに低下させる原因になる可能性が高く，実現は難しいだろう。

　財源を確保するもうひとつの方法としては国債の発行額を増やすことが考えられる。韓国における債務残高の対GDP比は2016年現在39.6％で，現在の朴槿恵前大統領が就任した2013年の35.6％に比べると4.0ポイントも上昇する等，継続的に上昇傾向にある。このように債務残高の対GDP比が近年増加しているのは，所得認定額が下位70％に該当する高齢者に支給される基礎年金の給付額を最大で月10万ウォンから20万ウォンに調整したことや無償保育を2013年3月から満5歳まで拡大するなど社会保障政策を拡大

195

したことが原因である。では，韓国政府は今後社会保障に対する財源を確保するために日本のように国債の発行額を増やすことが可能だろうか。韓国政府が考えている債務残高の対 GDP 比の最大値は40％であるといわれている。韓国政府が最大値を40％に設定している理由は明確ではないものの，欧州連合の創設を定めたマーストリヒト条約で，欧州連合の加入条件として提示した債務残高の対 GDP 比が60％であったことなどを参考にした可能性がある。つまり，韓国は急速な高齢化の進展や統一等，将来の財政需要があることを考慮し，欧州連合の基準よりは20ポイントぐらい低く設定している。しかしながら OECD 加盟国や欧州連合（15ヵ国）の債務残高の対 GDP 比（2016年基準）がそれぞれ115.4％と110.2％であることを考えると，ある程度債務残高の対 GDP 比を引き上げることを考慮する必要はあるだろう。OECD 加盟国のなかで債務残高の対 GDP 比（2016年基準）が韓国より低い国はルクセンブルク（36.4％，人口56万），ノルウェー（36.2％，人口521万），エストニア（11.8％，人口131万）しかない（人口は2015年基準）。

おわりに

通貨危機以降，韓国の公的社会保障制度は大きな変化を経験した。金大中政府の「生産的福祉」というスローガンのもとに社会保障全般にわたる改革が実施された。つまり，国民皆年金の実施と雇用保険の適用範囲拡大，そして，既存の生活保護制度を大幅改正した国民基礎生活保障制度の実施のような所得保障部門の改革と，医療組合の統合と医薬分業の実施のような医療保障部門の改革が同時に進行された。生産的福祉政策に対してはさまざまな評価があり，問題点もあるものの，既存の社会保障制度を見直すことによって今後，韓国の社会保障政策が進むべき方向性を提示してくれたことは評価する価値があるだろう。

最近の韓国社会は低成長・高齢化という難題に直面している。一時は10％前後を維持していた経済成長率が最近は 2 ％台まで低下した。一方少子高齢化は早いスピードで進行している。2015年における韓国人の平均寿命は，

82.06歳（男性78.96歳，女性85.17歳）まで伸びたものの，雇用者の多くが50歳前後に非自発的に会社を辞めていた。年金の支給開始年齢は早い人でも60歳からであり，所得空白期間が発生する。定年退職した中・壮年層は生活を維持するために，退職金や預貯金を用いてチキン店やパン屋等を開業するものの，成功確率はそれほど高くない。その結果，個人債務が増え，中・壮年層の貧困層が増加することになった。危機感を感じた韓国政府はこのような問題を解決するために労働市場政策や社会保障政策の改革政策を次々と打ち出しているものの，その効果はまだはっきりしていない。1988年に導入された，国民年金制度は満額の年金を受給するためには40年という加入期間が必要であり，2028年になってから初めて，国が約束した所得代替率によって満額の給付が受けられる。しかしながら所得代替率は国民制度が導入されて以降，継続的に引き下げられ，満額を受給しても将来年金給付だけで健康で文化的な生活が保障できるとはいい切れない状況である。

　2017年から定年の60歳以上義務化がすべての事業所に適用されることになったものの，平均寿命が伸びていることを考えると，少なくとも20～25年という老後所得に対する公的あるいは私的な準備が必要である。公的所得保障制度が十分ではなかった時代には子女からの経済的支援によって生活をすることが一般的だったが，出生率が低下し核家族化が進んだ現在においては子女からの経済的支援を期待することもなかなか難しくなっている。

　本文で説明した韓国政府の所得保障や医療保障政策を今後も持続的に維持するためには何よりも財源の確保が重要である。しかしながら韓国社会において財源に対する議論は十分に行われていない気がする。むしろ，政治家の多くは既存の制度を放置したまま，ヘリコプターマネーのようなポピュリズム的な政策を乱発しようとしている。情けないかぎりである。さらに，低成長・高齢化が進んでいる韓国社会がもうひとつ準備しなければならない課題がある。それは北朝鮮との統一後の問題である。とくに，統一以降の社会保障制度に対して中長期的なロードマップを準備する必要がある。韓国の現在の財政状況や北朝鮮との経済格差を考えるとドイツ式の

統合は難しいと考えられる。統一後，一定期間のあいだは分離・運営してから段階的にひとつの制度に一元化することが望ましいかもしれない。

　韓国の社会保障制度は今まで日本やドイツの制度を参考に実施されてきたものの，最近は日本やドイツ以外の制度も受け入れて，制度に反映するケースが増えている。つまり，既存の社会保険制度を中心とした低負担・低福祉の社会保障制度が，段階的に個人や企業の責任や負担を強化した低負担・低福祉の社会保障制度に変わろうとしている。このような選択が低成長・高齢化に対処するためであることは理解できるものの，政府の社会保障に対する責任を手放すことにつながってはならない。先進諸国の事例を参考にするなど財源確保に対する議論を十分に行い，国民が安心して生活できるように社会保障制度を見直す必要がある。韓国の社会保障制度がどのような改革の道を歩むのか今後の動向に注目したい。

〔注〕
⑴　1999年6月21日に蔚山にて行われた演説で金大中元大統領は，「中産層と低所得者がより安心して生活できる国民生活基本法を制定する」と発言した。
⑵　扶養義務者がいないか，扶養義務者がいても扶養能力がなく扶養が受けられないことを条件としている。
⑶　経済的に困窮な状態であるものの，所得等が国民基礎生活保障制度の需給基準を少し上回っているため，国や自治体から経済的な支援が受け取れない状況を意味する。
⑷　日本との違いは介護扶助が実施されていない代わりに，7つの給付以外に緊急給付が実施されていることである。
⑸　保険料を納付する月のみ支援，農漁業による所得よりほかの所得が多いときには支給を中止。
⑹　従来からの投資対象とされてきた株式・債券等の伝統的な資産に限定せず，そのほかの資産に投資すること。従来の運用の代替的な運用という意味合いからオルタナティブと呼ばれる。
⑺　保健福祉部「国民年金の今後5年間の戦略的資産配分」2014年5月23日報道資料。
⑻　2016年8％，2017年8.25％，2019年8.75％，2020年9％。
⑼　基礎老齢年金制度を施行する以前には，高齢者に対する所得保障政策として老齢手当（1991年施行）や敬老年金（1998年施行）が実施されていた。
⑽　それぞれの等級に設定されている点数を合計し，単価を掛け保険料を決定する。
⑾　日本のように年齢による区分はなく，保険料額によって所得水準を7段階に区分している。
⑿　韓国における「病院」とは，医師，歯科医師，漢医師が患者に医療を提供する施設のことで，医療法の定義では，患者30人以上の入院施設を有するものとされている。

第6章　低成長・高齢化時代における社会保障制度の現状と今後のあり方

⒀　上級総合病院は，上級総合病院の指定を希望する全国52の総合病院から申請を受けて，健康保険審査評価院の書類審査と保健福祉部等の現地調査，上級総合病院評価協議会の協議を経て選定される。指定有効期間は3年で，3年間は健康保険の診療報酬が30%加算（総合病院は25%が加算，病院は20%が加算）され支給される。2015年から2017年までの3年間に適用される上級総合病院は43施設。

⒁　最近の医療制度の改革としては，「患者安全法」と「ウェルダイング法」が挙げられる。韓国政府は，患者の保護および医療の質の向上に寄与することを目的に2016年7月29日から「患者安全法」を施行している。また，2016年1月8日には「ウェルダイング法」と呼ばれる「ホスピス緩和医療および臨終過程にある患者の延命医療決定に関する法律」が国会で成立した。同法は，死を迎えている患者が本人の意思を「延命医療計画書」あるいは「事前医療意向書」に残すか，家族2人以上が患者の意思であると陳述した場合に延命治療が中断できるようにした法である（2018年から施行）。

⒂　民間医療保険に加入した患者が保険会社から保険金が払われることを頼りに，よりよい医療を求めていろいろな医療機関を訪ねて診療を受ける行為。

⒃　第1次モデル事業は2005年7月から2006年3月まで6つの市郡区（日本の市町村に相当する行政区域）を対象に，第2次モデル事業は2006年4月から2007年4月まで8つの市郡区を対象に，そして第3次モデル事業は2007年5月から2008年6月まで13の市郡区を対象に実施された。

⒄　2000年に48.8%であった女性の労働力率は2015年に51.8%と微増であったが，韓国政府が積極的雇用改善措置を実施する等女性活躍のための政策に力を入れているので，今後韓国社会における女性の社会進出はさらに進むことが予想されている。

⒅　2016年の最低賃金は時間額6030ウォンであり，正規労働者の月平均労働時間175.9時間で計算すると1カ月106万ウォンになる。しかし，サービス残業等を含めると療養保護士が最低賃金以下の賃金しかもらっていない可能性も高い。

⒆　SOCXは，公的，私的給付を高齢，遺族，障害・業務災害・傷病給付，医療，家族，積極的労働市場政策，失業，住宅，そのほかの社会政策分野に分類したものである。

⒇　韓国国会予算政策処（www.nabo.go.kr）資料（日本は2013年時点で30.3%）。韓国の対国民所得比の国民負担率は2013年時点で36.0%（日本41.6%─2013年度─）：日本財務省ホームページ。

(21)　国民幸福基金は，①債務調整（金融機関が保有している長期延滞債権を買い入れ，債務不履行者の債務減免や返済期間の調整，そして信用回復を支援すること）や，②低金利への切り替え（第二金融圏や消費者金融からの高金利貸出─20%以上─を低金利に切り替えること）により，債務不履行者が　再び自立できるような環境を提供することをめざしている。

〔参考文献〕

＜日本語文献＞
金明中 2015a.「日韓比較(3)：高齢化率 ──2060年における日韓の高齢化率は両国共に

39.9%——」2015年7月8日（研究員の眼）ニッセイ基礎研究所.

―――2015b.「日韓比較(8)：医療保険制度・その3　自己負担割合——国の財政健全性を優先すべきなのか，家計の経済的負担を最小化すべきなのか——」2015年10月6日（研究員の眼）ニッセイ基礎研究所.

―――2015c.「日韓比較(12)：医療保険制度・その5　混合診療——なぜ韓国は混合診療を導入したのか，日本へのインプリケーションは？——」2015年12月29日（基礎研レポート）ニッセイ基礎研究所.

―――2016.「韓国における老人長期療養保険制度の現状や今後の課題——日本へのインプリケーションは？——」2016年6月15日（基礎研レポート）ニッセイ基礎研究所.

＜韓国語文献＞

원종욱［ウォンゾンウック］2015.「사회보장재정의 현황과 과제」［社会保障財政の現状と課題］『보건복지포럼』［保健福祉フォーラム］(219) 1月.

국민연금공단［国民年金公団］2014.『국민연금통계연보2013』［国民年金統計年報2013］.

―――2016.『국민연금통계연보2015』［国民年金統計年報2015］.

국민행복의료기획단［国民幸福医療企画団］2013.「선택진료제도개선방안」［選択診療制度改善方案］2013.10.31.

국방부［国防部］2016.『2015년도군인연금통계연보』［2015年度軍人年金統計年報］.

공무원연금공단［公務員年金公団］2016.『2015년도공무원연금통계집』［2015年度公務員年金統計集］.

사학연금［私学年金］2016.「2015통계연보」［2015統計年報］.

보건복지부［保健福祉部］2017a.「2017년국민기초생활보장사업안내」［2017年国民基礎生活保障事業案内］.

―――2017b.『2015년국민기초생활보장수급자현황』［2015年国民基礎生活保障受給者現況］.

보건복지부・한국보건사회연구원［保健福祉部・韓国保健社会研究院］2010.「국민기초생활보장제도10년사」［国民基礎生活保障制度10年史］.

노인장기요양보험제도 홈페이지［老人長期療養保険制度ホームページ］.「노인장기요양보험등급판정결과현황자료 2015년8월기준」［老人長期療養保険等級判定結果現況資料2015年8月基準］（http://www.longtermcare.or.kr）.

＜英語文献＞

OECD 2015. *Pensions at a Glance 2015*. 170–171.

索 引

【アルファベット】

ASEAN　24, 33-36, 38-40, 42, 43
DRAM　60, 62, 66
FTA　32, 34, 36, 38, 39
LG ディスプレイ　60-63
M 字カーブ　152
NAND フラッシュメモリ　60-62, 66, 67
PTA（高純度テレフタル酸）　89, 97, 101
SK ハイニックス　60, 62
SOCX　194

【あ行】

圧縮型発展　15, 70, 71, 104
アップル　57, 59, 65
医薬分業　182, 183
医療ショッピング　185
失われた20年　2, 6
エチレンセンター　88, 92, 102
オペレーティング・システム（OS）　59, 65
オルタナティブ　178

【か行】

海外生産　24, 25, 31, 32, 40, 45, 59, 67
外向的成長　22
概念設計　100, 104
海洋プラント　83, 100
価格効果［貿易収支］　28, 31-33, 36, 39
可処分所得　3, 116, 117, 119, 120, 123, 129
韓国産業銀行　87, 95
韓国人エンジニア　62, 67
企活法（企業活力増進のための特別法）　94
企業合併　93, 95
技術移転　62, 66, 67
技術貿易　6
基礎年金制度　175, 180

機能性化学製品　102
キャッチアップ　6, 15, 104
勤労所得　116, 117, 119-123, 131, 182
グーグル　59
組立型工業化　104
軍服務クレジット　179
経済活動人口高齢層付加調査　149, 153
経済活動人口雇用形態別付加調査　136, 140, 156
経済活動人口調査　136
研究開発支援　68
研究開発投資　7, 102
現代・起亜自動車（現代自動車）　32, 39, 85
現代重工業　81, 99, 100
合計特殊出生率　113
後進性の優位　71
構造改革　2, 116
構造調整政策　15, 90, 97
公的移転［所得］　120, 122, 125, 128-131
高付加価値化　28, 98
後方連関効果　32
高齢者世帯　110, 114-120, 122, 124, 129-131, 171, 180
国際収支の発展段階説　8
国民移転勘定（NTA: National Transfer Accounts）　125, 129
国民幸福基金　195
国民年金　11, 157, 175-179, 194
国家核心技術　61

【さ行】

サムスン重工業　81, 99, 100
サムスン・ディスプレイ　60-63
サムスン電子　59-62, 65, 67
死角地帯　169, 174
事業再編　15
資産再配分　125, 128, 129
次上位階層　169
実損填補型保険　185

201

私的移転［所得］ 120, 122, 125, 128, 129, 131
自動車 24, 25, 29, 31, 32, 36, 39, 42, 79
——部品 29, 31, 32, 39, 79
ジニ係数 109, 116, 117, 129
従属人口指数 112, 113
出産クレジット 179
生涯経費（lifecycle deficit) 125, 128
少子高齢化 109, 110, 113, 115, 116, 130, 188
消費支出 110, 120, 121, 123, 124
常用労働者 10, 137
所得格差（所得不平等） 9, 109, 110, 115-120, 124, 130, 131
所得再分配 110, 124, 125, 129, 130
所得代替率 177, 178
人口オーナス 3, 15, 111
人口ボーナス 3, 15, 109, 111
すばやい追随者 6
スマートフォン 25, 29, 31, 57
正規雇用労働者 10, 137
生産的福祉 196
生産年齢人口 110-113, 115
脆弱労働者 137, 142, 155, 156, 158
世代間移転 110, 124, 125, 128, 129
世帯構成の変化 110, 113-115
設備処理 91
先行者 6
選択診療 183
操業短縮 91
相対的貧困 11
——率 110, 119, 120
租税 117, 123-125, 129, 130
ゾンビ企業 94

【た行】

対EU貿易 36, 38
大宇造船海洋 81, 95, 99, 100
対中貿易 35, 36, 38, 40
対日貿易 36, 38, 45
多角化 98
単身世帯 113-116, 118, 120, 171, 180
チャイナ・プラスワン 34, 40

中所得国の罠 60
通貨危機 2, 9, 21, 45, 109, 110, 116, 117, 139, 166
ドゥルヌリ事業 179

【な行】

二重構造 10

【は行】

パート労働者 140, 141, 144, 149, 151, 153, 155-158
バリューチェーン 21, 24, 34, 36, 38, 40
半導体 6, 25, 27-29, 36, 53, 60, 68, 79
汎用品 70, 101
非価格効果［貿易収支］ 28, 29, 33, 36, 38-40
非常用労働者 137, 138
非正規雇用労働者 10, 136, 139-141, 144, 145, 149, 151, 153
非正規職保護法 139, 141, 145, 148, 150
非典型労働者 140, 144, 145, 149, 151, 153, 155-158
日雇い労働者 136
ファブレス 69
付加価値貿易 24, 46
フラットパネル 25, 29, 31
プラットフォーム 58, 65, 66
ベトナム 31, 34, 36, 39, 59, 61
「ベビーブーム」世代 4
貿易黒字 8, 21-23, 28, 29, 31-33, 35, 36, 38-40, 46

【ま行】

民主化宣言 139
名誉退職 4
モノのインターネット（IoT） 64-66

【や行】

有機エレクトロルミネッセンス・ディスプレイ（OLED） 63, 66, 67

有期契約労働者　140, 141, 144, 145, 149,
　　151, 153, 155-158

【ら行】

リーマンショック　5, 20-23, 31, 33, 44, 45,
　　82, 86, 93
量子ドット型ディスプレイ（QLED）　63
臨時労働者　136
老人長期療養保険制度　15, 186-189, 191-
　　193
老人療養共同生活家庭　192

複製許可および PDF 版の提供について

　点訳データ，音読データ，拡大写本データなど，視覚障害者のための利用に限り，非営利目的を条件として，本書の内容を複製することを認めます（http://www.ide.go.jp/Japanese/Publish/reproduction.html）。転載許可担当宛に書面でお申し込みください。

　また，視覚障害，肢体不自由などを理由として必要とされる方に，本書の PDF ファイルを提供します。下記の PDF 版申込書（コピー不可）を切りとり，必要事項をご記入のうえ，販売担当宛ご郵送ください。

　折り返し PDF ファイルを電子メールに添付してお送りします。

〒261-8545　千葉県千葉市美浜区若葉 3 丁目 2 番 2
　　日本貿易振興機構　アジア経済研究所
　　研究支援部出版企画編集課　各担当宛

　ご連絡頂いた個人情報は，アジア経済研究所出版企画編集課（個人情報保護管理者－出版企画編集課長 043-299-9534）が厳重に管理し，本用途以外には使用いたしません。また，ご本人の承諾なく第三者に開示することはありません。

　　　　　　　　　　　　アジア経済研究所研究支援部　　出版企画編集課長

------------------------------ キリトリ線 ------------------------------

PDF 版の提供を申し込みます。他の用途には利用しません。

安倍　誠 編『低成長時代を迎えた韓国』
アジ研選書 No. 46　2017年

住所　〒

氏名：　　　　　　　　　　　　　　年齢：

職業：

電話番号：

電子メールアドレス：

執筆者一覧（執筆順）

安倍　誠（アジア経済研究所地域研究センター東アジア研究グループ長）
あべ　まこと

奥田　聡（亜細亜大学アジア研究所教授）
おくだ　さとる

吉岡　英美（熊本大学法学部教授）
よしおか　ひでみ

渡邉　雄一（アジア経済研究所地域研究センター東アジア研究グループ）
わたなべ　ゆういち

高安　雄一（大東文化大学経済学部教授）
たかやす　ゆういち

金　明中（ニッセイ基礎研究所生活研究部准主任研究員）
きむ　みょんじゅん

［アジ研選書 No.46］
低成長時代を迎えた韓国

2017 年 12 月 4 日発行　　　　　　　　定価 ［本体 2500 円 ＋ 税］

編　者　安倍　誠
発行所　アジア経済研究所
　　　　独立行政法人日本貿易振興機構
　　　　千葉県千葉市美浜区若葉 3 丁目 2 番 2　〒 261-8545
　　　　研究支援部　　電話　043-299-9735　（販売）
　　　　　　　　　　　FAX　043-299-9736　（販売）
　　　　　　　　　　　E-mail　syuppan@ide.go.jp
　　　　　　　　　　　http://www.ide.go.jp

印刷所　岩橋印刷株式会社

Ⓒ 独立行政法人日本貿易振興機構アジア経済研究所 2017
落丁・乱丁本はお取り替えいたします　　　　　　無断転載を禁ず
　　　　　　　　　　　　　　　　　　　　　ISBN 978-4-258-29046-8

出 版 案 内
「アジ研選書」

（表示価格は本体価格です）

低成長時代を迎えた韓国

46

安倍　誠編　　　　　　　2017年　203p.　2500円

かつてのダイナミズムを失って低成長と格差の拡大に苦しむ韓国の現在を，産業競争力と構造調整，高齢化と貧困，非正規雇用，社会保障政策の各テーマを中心に描き出す。

インドの公共サービス

45

佐藤創・太田仁志編　　　2017年　259p.　3200円

1991年の経済自由化から4半世紀が経過した今日，国民生活に重要なインドの公共サービス部門はどのような状況にあるのか。本書では飲料水，都市ごみ処理等の公共サービスの実態を明らかにし，またその改革の方向を探る。

アジアの航空貨物輸送と空港

44

池上　寛編　　　　　　　2017年　276p.　3400円

国際物流の一端を担う航空貨物は，近年アジアを中心に取扱量を大きく増加させている。本書ではアジアの主要国・地域の航空貨物についてとりあげ，またASEANやインテグレーターの動きも検討した。

チャベス政権下のベネズエラ

43

坂口安紀編　　　　　　　2016年　245p.　3100円

南米急進左派の急先鋒チャベス政権の14年間はベネズエラにとってどのような意味をもつのか。また彼が推進したボリバル革命とは何なのか。政治，社会，経済，外交の諸側面からその実態をさぐる。

内戦後のスリランカ経済
持続的発展のための諸条件

42

荒井悦代編　　　　　　　2016年　313p.　3900円

26年にわたる内戦を終結させ，高い経済成長と政治的安定を実現したスリランカ。成長の原動力は何だったのか。南アジアの小さな多民族国家にとってさらなる経済発展のために何が必要か探る。

ラテンアメリカの中小企業

41

清水達也・二宮康史・星野妙子著　2015年　166p.　2100円

製造拠点や消費市場として注目を集めるラテンアメリカ。中小企業の特徴，産業クラスターの形成，特有の企業文化，中小企業振興政策など，中小企業に関する情報を提供する。

新興民主主義大国インドネシア
ユドヨノ政権の10年とジョコウィ大統領の誕生

40

川村晃一編　　　　　　　2015年　333p.　4100円

政治的安定と経済成長を達成し，新興国として注目されるインドネシア。ユドヨノ政権10年の成果と限界を分析しながら，2014年のジョコ・ウィドド大統領誕生の背景と新政権の課題を考える。

ポスト軍政のミャンマー
改革の実像

39

工藤年博編　　　　　　　2015年　225p.　2900円

23年間の軍事政権から，民政移管で誕生したテインセイン政権。民主化と経済開放を一気に進め「アジア最後のフロンティア」に躍り出たミャンマーでは，なにが変わり，なにが変わらないのか。

アジアの障害者教育法制
インクルーシブ教育実現の課題

38

小林昌之編　　　　　　　2015年　228p.　2900円

アジア7カ国の障害者教育法制に焦点を当て，障害者権利条約が謳っている教育の権利，差別の禁止，インクルーシブ教育の実現に向けての各国の実態と課題を考察する。

知られざる工業国バングラデシュ

37

村山真弓・山形辰史編　　2014年　430p.　5400円

「新・新興国」バングラデシュ。その成長の源泉は製造業にある。世界第2のアパレル以外にも芽吹き始めた医薬品，造船，ライト・エンジニアリング，食品，皮革，IT，小売等，各産業の現状と課題を分析する。

岐路に立つコスタリカ
新自由主義か社会民主主義か

36

山岡加奈子編　　　　　　2014年　217p.　2700円

非武装，高福祉，外資による高成長を記録するコスタリカは，従来の社会民主路線と，新たな新自由主義路線の間で揺れている。最新の資料を基に同国の政治・経済・社会を論じる。